세상은 인간의 이성적 행동을 위한 놀이터이다.

인간은 자유롭고 동등한 존재로서 존엄성을 가진다.

지식은 인간의 행복을 증진시키는 가장 중요한 도구이다.

인간은 자유롭게 사고하고 표현할 권리를 가진다.

나는 오늘 칸트를 만나 행복해졌다

나는 오늘 칸트를 만나 행복해졌다

펴낸날 2024년 5월 31일 1판 1쇄

글쓴이 이라야
펴낸이 이종일 강유균
기획·홍보 김아름 김혜림
교성·교열 이교숙 성아영 나지원
경영지원 이안순
디자인 바이텍스트
마케팅 신용천

펴낸곳 알토북스
주소 경기도 고양시 덕양구 청초로 66 덕은리버워크지산 B동 2007호~2009호
전화 (02)719-1424
팩스 (02)719-1404
이메일 genie3261@naver.com
홈페이지 www.readlead.kr
출판등록 1978년 5월 15일(제 13-19호)

ISBN 979-11-986214-6-7 (03160)

* 알토북스는 리드리드출판(주)의 출판브랜드입니다.

* 파본은 구입한 서점에서 교환해 드립니다.
* 책값은 뒤표지에 있습니다.

이라야 지음

나는 오늘 칸트를 만나 행복해졌다

칸트와 함께 걷는
인생 산책

휘몰아치는
사회와 관계의 격랑으로
삶의 중심이 흔들릴 때

알토북스

prologue

만만찮은 세상에서 가장 사람답게 사는 법

칸트는 1724년에 태어나 1804년까지 살았다. 그가 세상을 떠난지 벌써 200년이 훌쩍 흘렀지만 아직도 철학을 공부하거나 지식의 한계를 넓히려 접근하는 사람이라면 '칸트'라는 이름에 경의를 표한다. 그만큼 그가 남긴 정신적 가치가 시대를 초월해 큰 영향력을 발휘하기 때문이다.

칸트는 인간의 의식과 인식을 연구하며 자연철학이나 물리학에도 관심이 많았다. 종합적 사고로 이성과 경험을 엮어 인간은 능동적 주체임을 드러냈다. 이것을 대학에서 강의하며 저서를 통해 밝혔는데 여기에서 칸트의 명언이 탄생한다.

칸트의 말은 처음에 접하면 어려운 문장이 많지만, 칸트 철학의 기본 개념을 이해하면 하나로 연결되어 풀이가 쉽다. 예를 들어 '직관 없는 사유는 공허하고 개념 없는 직관은 맹목적'이라는 말은 '직관 = 경험'으로 이해된다. 그러니까 이는 경험이 없는 생각은 어떤 것도 얻어내지 못하며 배경 지식이 없는 경험은 의미가 없다는 뜻이다. 이는 우리 실생활에서도 증명된다. 역사적 지식 없이 유적지에 간들 얻어오는 것은 몇 장의 사진뿐이다. 박물관에 전시된 유물들이 의미 있게 보이거나 발길을 사로잡는 것은 자신이 아는 지식으로 그것의 가치를 알고 있을 때다. 그렇지 않으면 아무리 진귀한 유물을 보아도 그냥 지나친다.

경험 없는 생각은 어떤가. 아주 추상적일 수밖에 없다. 청춘 남녀가 결혼에 대한 환상을 가질 때 기혼자들이 말한다.

"현실은 아주 달라."

"네가 꿈꾸는 결혼은 드라마에서나 가능해."

이는 경험한 사람과 경험하지 못한 사람들의 개념과 관념, 관점의 깊이가 다르다는 것을 드러낸다. 반려동물을 키우다 죽었을 때의 슬픔을 반려동물을 키워보지 않은 사람이 알 수 없는 것도 마찬가지다. 인간의 감정이나 사고, 인식, 의식이 모두 이와 같지 않을까.

그러기에 우리는 칸트의 명언을 잘 새겨보아야 한다. 한 줄의 문장을 읽고 끝낼 것이 아니라 시대와 자신의 상황에 맞춰 적용하고 반추하고 이해해 가야 한다. 그것을 깨닫고 알게 되었다면 자기 일상에 적용해 지혜를 넓혀가야 한다. 칸트의 명언은 단순한 정보가 아니며 단편적인 지식을 전달하기 위한 주장이 아니다. 인간에 대한 깊은 탐구이고 삶의 방향성에 대한 모색이 담긴 메시지다.

칸트를 알기 전과 칸트를 알고 난 뒤, 나의 삶은 달라졌다. 개안을 한 듯 칸트가 내 삶의 지평을 열어주어 주위 사람들이 달리 보이고 세상이 훨씬 넓어 보였다. 그로 인해 일상이 풍요로워졌다. 감사하는 마음과 함께 세상에 호기심이 생겼다.

이 경험을 함께 나누고 싶어 이 책을 썼다. 명언 하나하나를 곱씹으며 개인적인 경험과 사회적 현상에 기반 두고 문학과 예술, 과학까지 배경으로 삼아 참된 '인간'의 모습을 발견해 나가보자. 어렵다고 정평이 난 칸트의 이론을 실생활에서 깨달으며 정서적으로 소화 잘되도록 풀어낸 것이다. 그러기에 이 책을 읽는 것만으로도 칸트의 지적 영양분으로 흡수되리라 믿는다.

사는 게 호락호락하지 않다고 하는데 어느 시대나 그랬다. 그래서 "어떻게 살 것인가?"라는 이 주제는 시대를 불문하고 늘 우리의 고민이고 대화의 화두다. 무엇을 목적에 두고 나아갈 것인가는 우리 인생의 과제가 아닌가. 그 대상이나 목표는 개인마다 다르다. 그러나 궁극적으로 삶에서 추구하는 가치는 하나로 귀결되리라 믿는다. '행복' 그것이 이루어지는 지점을 칸트의 말에서 찾아보자. 그리고 그의 귀띔에서 만만찮은 세상을 당당하게 살아갈 힘을 얻어보자.

차례

제2장 바른 가치를 위하여

제3장 자신을 위하여

제4장 우리를 위하여

제6장 바라는 이상을 위하여

제1장 현명함을 위하여

I was happy to meet Kant today

똑똑하고 야무지게 살고 싶어 하는 사람이 많다.
지기 싫어하고 한 마디라도 더 아는 척해야
자신의 잘남이 증명된다고 믿는다.
과연 그럴까. 아니다.
사회는 이런 사람을 인정해 주지 않는다.
상황과 문제에 맞는 지혜가 필요하다.
그 현명함이 당신을 돋보이게 한다.

순수함으로
울타리를 치지 마라

순수함은 훌륭하다.
그러나 철저히 보호되지 못하며 쉽게 유혹된다.

순수함을 비유하기 위해 투명한 유리컵에 정수된 물을 따랐다. 깨끗한 물이라 보는 것만으로도 기분이 좋아졌다. 이 물이 몸에 들어가 피를 맑게 해준다고 생각하자 건강해지는 느낌이다. 그러나 한편으론 맑고 투명한 물을 보고 있으려니 불안해진다. 어떤 작용으로 이 맑음이 언제 어느 때 사라질지도 모른다는 불길한 마음이 끼어들기 때문이다. 물컵에 따라두었기에 오염될 가능성은 더욱 커졌다. 티끌 한 점, 색깔 있는 물 한 방울로 물의 순수함이 깨지고 지배당할 수 있는 것이다.

순수한 물은 자신을 보호할 능력이 없다. 거부하고 저항하려 해도 방법을 모르거나 방어할 무언가가 자기 안에 없으므로 오롯이 순응하고 받아들인다. 그 결과의 참혹함까지.

물에 비유했지만, 사람도 마찬가지다. 어떤 사람에게 '순수하다'라고 일컫는 뜻은 그만큼 맑고 투명한 성질을 가진 사람으로 그들의 말과 행동에 거짓이 없다는 것을 의미한다. 이들은 사람을 잘 믿으며 상대를 '의심'하지 않는다. 그래서 자신의 마음이나 감정 또는 상태를 있는 그대로 솔직하게 드러낸다. 상황에 따라 조금 감출 수도 있지만 그런 행위 자체를 위선이나 가식으로 여긴다.

자신을 포장하지 못하며 관계에서 계산하지 않는다. 상대의 말을 진심으로 여기고 이면의 숨긴 의미를 파악하지 못한다. 사람을 대할 때도 사심을 부리지 않고 경계와 의심을 품지 않은 채 투명한 심성으로 본심을 고스란히 드러낸다. 순수함으로 인해 타인의 아픔이나 상처, 감정에 쉽게 이입하여 기쁨과 슬픔도 기꺼이 함께 나눈다. 어려움을 겪는 사람의 문제를 자신의 문제처럼 받아들이고 함께 어려움을 짊어지기도 한다.

그래서일까. 순수한 사람들은 대부분 단순해서 상대하기 쉽다고 말한다. 너무 쉽게 상대를 잘 믿기에 약간의 호의만으로도 마음을 살 수 있다는 것이다.

나쁜 사람들은 이를 악용하려 든다. 몇 번의 만남으로도 내면까지 파악되기에 적당히 그 약점이나 상처를 다독여주면 신뢰를 얻고 자기 의지대로 조종하는 것이다. 요즘 사회적 문제가 되는 가스라이팅 사건이 대표적이지 않을까 싶다. 힘이나 권위로 심리를 제압당하는 게 아니다. 타인의 심리나 상황을 교묘하게 조작해 그 사람이 스스로 의심하게 만듦으로써 자신의 지배력을 강화한다. 이는 사랑하는 사람의 관계에서는 물론이고 업무적인 관계, 동료나 친구 관계, 유대나 연대가 필요한 관계 등 어떤 유형에서도 나타날 수 있다.

그렇다고 순수함은 아무짝에도 쓸모없으니 미련 없이 버리라는 얘기가 아니다. 그 순수함을 이용하는 사람이 나쁜 사람이다. '순수함' 그 자체에는 아무 잘못이 없다. 그러기에 칸트는 사람에게 있는 순수함을 훌륭하다고 극찬한다. 이해타산적인 사람, 이기적인 사람, 경쟁에서 꼭 이겨야 하는 사람은 절대 가질 수 없는 귀한 심성이다. 하지만 그만큼 맑아서 투명한 감성과 심성이 자신을 보호하지 못하고 유혹에 취약할 수 있다는 점을 우려했다. 상대의 거짓말, 배신, 위선을 경계하라는 의미이다. 인간관계에서 순수함이 훼손되고 타인에게 이용되지 않기를 바라는 마음일 것이다.

당신 고유의 순수함을 노출하지 말자. 상대에 대한 동정이든, 사랑이든, 아끼는 마음이든 그 순수함이 당신을 이용하려는 사람에게는 공격의 도구가 된다. 그렇다고 만나는 사람 모두를 경계하거나 의심할 필요는 없다. 모두가 내 마음과 같지 않다는 사실만 알면 된다.

그것만이 당신의 훌륭한 순수성을 지키는 길이다.

사후 '천국'보다 현세의 '오늘'을 누리는 삶

> 종교는 모든 의무를 신성한 명령으로 인정하는 것이다.

칸트가 태어난 쾨니히스베르크는 기독교 사상이 뿌리 깊이 자리한 지역이다. 칸트는 여기서 유아 세례를 받고 경건주의 기독교 학교에서 공부했으며 이름까지도 '엠마누엘'에서 히브리어 '임마누엘'로 바꿨다. 그러니 칸트의 일생에서 종교의 영향력은 무시할 수 없다.

그럼에도 칸트는 '신'의 영역은 인간이 탐구할 수 없다고 했다. 초월적인 부분은 인간이 헤아릴 수 없고, 이를 증명해 낼 수도 없기에 섣불리 말해서는 안 되고 논해서도 안 된다는 것이다. 그렇다면 인간은 무엇을 탐구하고 무엇을 실천해야 하는가.

칸트는 사람이 알 수 있는 것, 옳고 그름을 이성적으로 판단할 수 있는 것과 자기 내면의 '도덕법칙'을 수행해야 한다고 했다. 여기서 말하는 도덕법칙은 어떠한 구속력이나 제약 조건 없이 오롯이 본연의 의지로 실천하는 인간의 도리이다. 다른 말로는 '정언명령'이다.

종교는 개인에게 준행 명령을 제시한다. 기독교적 사고로 살펴보면 "나 외에 다른 신을 섬기지 마라.", "우상 숭배하지 마라.", "이웃을 사랑하라.", "남의 것을 탐하지 마라.", "간음하지 마라.", "살인하지 마라.", "네 부모를 공경하라." 등 인간이 살아가면서 지켜야 할 십계명을 하나님이 주셨고 이를 지키라고 명령했다. 그래서 하나님을 믿는 기독교인이라면 이를 지킴으로써 신께 자신의 믿음을 증명하고자 한다. 약한 인간을 지켜주고 인간의 생사화복을 주관하는 신의 명령에 따라 자기 삶의 지표와 방향, 가치를 정하는 것이다. 그로 인해 자유의지는 없어지고 신이 시키는 대로 하는 수동적인 인간으로 전락한다. 이 계명들을 하나하나 살펴보면 이성을 가진 인간의 행동으로 너무나 보편적인 윤리에 해당하는데도 말이다.

또한, 이 계명들은 유일신을 강조하는 우상 숭배를 빼놓고는 어느 종교나 비슷한 윤리적 기준을 가지고 있다. '인간'으로 살아가는 가장 근본적인 도덕이며 도리이다. 사회적으로 처벌받거나 지탄받는 대상일 뿐 특별한 계명이나 계율이 아니라는 것이다.

그렇다면 종교 즉, 신이 제시한 명령을 인류 보편의 진리로 해석하는 게 맞는가. 바로 이것이 200년 전 칸트의 고민이었고, 오늘날 우리의 고민이기도 하다. 같은 계명과 규율인데 신의 명령으로 알고 따를 것인가, 자기 내면의 도덕법칙으로 인정하고 따를 것인가. 어느 쪽을 선택해야 당신 삶의 의미가 더해지겠는가.

그 결정은 당신의 몫이지만 신의 명령으로 따르는 사람들은 신이 제시한 보상을 기대하지 않을까. 말씀에 순종하고 믿으면 사후 '천국'을 보장받고 현세에서 복을 누리게 된다는 신의 약속을 믿는 것이다. 여기에서 이것의 진실 여부를 논할 수는 없다. 아니 논해서도 안 된다. 칸트의 말대로 신의 계시이자 약속이니 인간이 맞다 틀리다 할 수 없는 영역에 속하기 때문이다.

다만, 자신이 오롯이 행복할 수 있고, 뿌듯함이나 자부심을 느낄 수 있는 길은 자신이 정한 '정언명령'을 따라 사는 삶이다. 오롯이 자기 선의지에 의해 행하는 행동이나 말, 추구하는 정신적 가치를 실현하며 사는 것이다. 결과에 구애됨이 없이 자기 행위 자체가 선善인 까닭에 그 도덕적 명령을 수행하면서 자기 삶의 의미를 재확인하며 살면 된다. 이는 신의 명령이나 권위자의 제시에 따른 행동이 아니라 오직 자기 의지, 양심, 도덕법칙에 따라 자의적 행동으로 이루어지는 삶이다. 그로 인해 그 행동에 책임지기도 쉽고 그 결과에 성취감을 느낄 수 있으며, 누군가에게 친절을 베풀거나 자기 것을 내어주어 남을 이롭게 하며 보람을 얻을 수도 있다. 소소하고 작은 행동 하나에도 뿌듯함과 행복을 느낄 수 있는 비결이 된다.

자기애가 넘치는 금쪽이의 훈련법

> 사람의 본성은 사납다.
> 그러므로 훈련받아야 한다.

사람은 태어날 때부터 착한 존재인가, 악한 존재인가. 이에 대한 논쟁은 고대 때부터 오늘날까지 진행 중이다. 기원전 동양에서는 맹자가 성선설을, 순자가 성악설을 주장했다.

성선설이 바라본 사람의 본성은 착하다. 가엾은 마음이나 겸손함을 지녔기에 옳지 못함을 부끄러워하고 착하지 못함을 미워하며 올바름을 실천해나갈 수 있다는 주장이다. 예를 들어 한 아이가 우물에 빠져 있으면 안타까워하는 마음에 구하려 하는데 이는 그의 부모와 친분을 쌓기 위함도 아니고, 명예를 얻고자 함도 아니고, 구해 주지 않고 지나쳤다가 비난을 들을까 염려함도 아니다. 오로지 인간의 마음속 '선'이 어려움에 빠진 사람을 도와야 한다는 동정심을 불러일으켜 남을 위해 자발적으로 나설 수 있도록 한다는 것이다.

반대로 성악설은 사람의 본성을 악하게 본다. 인간은 태어날 때부터 자신의 이익을 구하고 서로 경쟁하며 질투하고 미워하는 감정을 지니고 있다. 그래서 그대로 놔두면 싸움이 그치지 않는다. 이를 개선하기 위해 끊임없이 예의를 배우고 정신을 수련해야 하는데 인간의 의지만으로는 불가능하다. 사회의 법과 제도로 인간이 바르게 살도록 도와야 한다는 관점이다.

칸트가 말하는 "사람의 본성은 사납다."라는 판단은 성악설과 연결될 수 있다. 인간을 들여다보면 개인의 의지나 행동은 근본적으로 이기적이라 자기에게 유리한 행동을 감행한다. 경쟁 관계는 물론이고 친구나 동료, 심지어 부모와 자식의 관계에서도 자기감정과 이익이 우선된다. 그럼에도 자신이 나쁜 사람이라고 생각하지 않는 것은 자신의 말이나 행동을 뒷받침하는 자기만의 합리적인 이유가 있기 때문이다. 그것이 오직 주관적인 생각일지라도.

물론 칸트가 사람의 본성을 '사납다'라고 지칭한 것은 인간이 보여주는 선악의 이분법적 구도가 아니다. 인간의 '자기애'를 말한다. 불안정한 상황에서 자신을 먼저 보호하고 지키려는 것, 종족

번식, 성적인 충동이나 사회적 충돌에서도 자기를 보존하고 타인보다 자기 욕구를 우선시하는 행동이 나타나는 인간의 이기심을 들여다본 것이다. 자신을 먼저 챙기고 보호하려는 이 심리가 순순히 상대를 인정하지 못하게 만들고 온전한 선의로 상대를 돕지 못하게 만든다. 자신에게 어느 쪽이 유리한지 타진하고 계산한다는 것이다. 어려운 사람을 보고도 그냥 지나치거나 방관자적 태도를 보이는 이유가 여기에 있다. '내 일이 아니라 다행이다.'라고 안심하고 '왜 굳이 내가?', '나 아닌 다른 사람이 도움을 주겠지.'라고 회피하며 책임을 면하고 싶은 것이다.

칸트는 이러한 인간의 심리를 '사납다'로 지칭했다. 자기중심적 사고에 갇혀 자신을 우선하고 타인의 아픔이나 불행에 공감하지 못하는 것, 자신에게 가해지는 피해가 없으면 사회의 불의에 분노하지 않는 것, 경쟁에서 이기기 위해 타인을 이용하거나 도구화하는 것, 자신보다 열악한 환경을 조롱하거나 조금 부족한 사람을 무시하는 태도, 남의 것을 탐하는 등 '도덕'이나 '양심'의 작용이 일어나지 않는 상태를 사납다고 일컬은 것이다. 이를 위해 법과 도덕 준칙이 필요한데 이는 사나운 사람의 심리를 훈련하기 위함이다.

우리가 행하는 모든 일이 선하고 올바를 수만은 없다. 이기심을 걷어내고 오로지 이타적인 행동을 해야 한다고 명시할 수도 없다. 자신을 앞세우지 말고 공동체를 위해 헌신하라고 강요하지도 못한다. 어느 면에서는 경쟁심, 질투심이 자기를 발전시키는 동력이 된다는 사실을 알기 때문이다. 다만, 인간적인 사고, 인간애가 바탕이 된 심성을 지니자. 이타적인 단 한 번의 행동이 세상을 훈훈하게 데운다. 두 사람, 세 사람이 더해지면 아름다운 세상, 누구나 살기 좋은 세상이 되지 않을까.

'나를 위한' 삶이 아닌 '나로 인한' 삶으로의 변화

당신의 모든 행동이 보편적인 법칙이 되는 것처럼
당신의 삶을 살아라.

어떤 이들은 칸트가 이상적 도덕법칙과 법치국가만 강조한다고 말한다. 하지만 칸트 철학의 핵심은 '자기 의지'이다. 자신의 이성, 교육, 양심, 자유, 평화, 사고는 누구도 강제하거나 대신할 수 없는 영역으로 지극히 개인적 역할이라는 것이다. 그러므로 이성적 판단에 의한 행동은 자신의 몫이며 책임도 자신이 져야 한다.

우리는 어쩔 수 없이 사회의 구성원이 되어 다양한 관계를 맺으며 살아갈 수밖에 없다. 그리하여 우리가 하는 행동이나 말이 자신만을 위한 것이 아니라 살아가기 위한 하나의 방법이 된다. 대표적으로 언어(말)로 본다면 혼자 하는 독백이나 혼자 흥얼거리는 콧노래가 아니라면 들어주는 사람이 있고 전달하려는 목적이 있다. 막무가내로 자기감정을 쏟아내는 것이 아니라 자신과 타인, 사회적 관계에 끼치는 영향을 고려하여 말과 행동을 조종한다. 사랑하는 사람에게 고백할 때는 말과 행동에 진솔한 마음을 담아 전한다. 반대로 상대에게 이의를 제기하거나 대립되는 의견을 말할 때는 객관적이고 단호한 어휘를 구사한다. 이렇게 상황과 관계에 따른 감정과 사고의 영향으로 어떤 행동과 말이 결정된다.

칸트는 우리 행동의 기준이 누구나 수긍할 만한 '보편'의 범위에 포함되어야 한다고 했다. 사회 구성원으로서 다수가 행복해지는 윤리를 선택하고 지키는 것은 매우 중요하기 때문이다. 이를 위해 어릴 때부터 교육받고 훈련된다. 일상에서 자연스럽게 인식하고 실행될 수 있도록 직간접적으로 우리를 일깨우는 것이다. 사회 전반으로 확대해보면 공익광고나 언론에 나오는 미담도 우리 삶을 바른 방향으로 끌어가기 위함이다. 사회 질서를 유지하기 위한 보편의 윤리적 의식을 주입해 주는 것이다.

능동적인 인간은 스스로 선의지를 발동시켜 자기 나름의 행동의 원칙을 세우고 실천한다. 자신을 위한 일이지만 결국 더 나은 사회를 위한 바람직한 행동이 될 때 보편성을 획득하고 행복에 이르게 된다. 이를 위해 자기에게 유리하지만 타인에게 피해를 주는 일, 자기 보존을 위해 타인을 희생시키는 행동을 해서는 안 된다. 더 나아가 자기애를 실현하기 위해 타인을 이용하는 일도 없어야 한다.

나 하나쯤이야 하는 생각이 망쳐버릴 사회를 '나로 인해' 아름다운 세상이 되도록 인식하고 개선해야 우리도, 사회도 성장한다. 스스로 책임감을 강화할 때 더불어 살기 좋은 사회가 이루어진다. 이는 불변의 진리이다. 칸트는 이 원리를 우리의 삶에 제시하며 개인의 의지로 실천하기를 바랐다.

‘선’이 보편 법칙이 되면 놀라운 세상이 펼쳐진다

> 보편 법칙을 따르며, 동시에 의욕할 수 있는
> 그 준칙에 따라서만 행동하라.

“책임과 공포는 어떤 관계일까?”

상충하는 이 두 단어의 간격은 매우 멀어 보인다. 그러나 책임과 도덕성의 관계는 어떤가. 아주 가까이 밀착되어있는 느낌이다. 만약 두 단어가 하나로 느껴지는 사람이라면 그는 분명 바르게 살아온 사람이다. 한 사람의 사회 구성원으로서 도덕적 윤리에 맞춰 행동하며 확고한 책임 의식을 준칙으로 삼았을 것이다.

여기서 준칙은 칸트가 말하는 인간으로서 양심과 삶의 기준, 내적 선의지에서 나오는 정언명령이다. 그러기에 책임감이 강한 사람은 이 명령을 지키고 따른다.

이제 책임과 공포를 연결해 보자. 당신의 아주 친한 친구가 맥주 두 잔을 마시고 승용차를 운전하려고 한다. 당신이 급히 막아서며 차 키를 빼앗았다. 음주운전을 막기 위함이다. 그런데 친구가 이렇게 소리친다.

"나는 맥주 두 잔에 취하지 않았고 충분히 운전할 수 있다고. 집도 코앞이야."

자유를 억압당하는 느낌이 들었던 친구는 불쾌한 듯 얼굴이 붉으락푸르락했다. 당신이 대리운전을 부르느라 휴대전화를 누르는 사이 친구가 당신 손에서 차 키를 낚아챘다. 그리고는 차로 향했다. 마음이 급해진 당신은 달려가 친구를 끌어당겼다.

"절대 안 돼!"

"왜?"

당신 친구가 따지듯 묻는다.

여기서 생각해 보자. 당신은 왜 그토록 간절히 음주운전을 막는가. 친구의 "왜?"라는 물음에 어떻게 대답할 것인가. 가상의 답변을 대신해 보겠다.

첫째, 사고의 위험성이다. 음주운전은 알코올이 운동기능과 판단 능력을 떨어뜨려 사고의 확률이 높아진다. 그로 인해 몸을 다치거나 자칫 생명이 위험할 수도 있다.

둘째, 벌금과 재산상의 피해다. 차량이 파손되거나 음주운전 단

속에 걸리면 바로 돈 문제와 직결된다. 재벌이 아닌 이상에야 금전적 피해를 무시할 수 없다.

셋째, 자유를 억압당할 수 있다. 혈중 알코올 수치에 따라 운전면허가 정지되거나 사고의 경중에 따라 구속될 수도 있다. 이렇게 되면 운전을 못 할 뿐만 아니라 일상생활까지 못 하게 된다. 자, 여기까지만 생각하자. 이 두 가지 이유만 보더라도 지금 당신의 머릿속을 지배하고 있는 한 단어가 있다. 맞다. '불안'이다.

우리는 불안으로 인해 책임을 완수하려고 한다. 내가 이것을 다 하지 못하면, 내가 돈을 벌지 못하면, 내가 동료를 배신하면, 내가 분에 넘치는 것을 탐하면, 내가 거짓말을 하면 등. 자신의 윤리기준 즉, 도덕법칙 안에서 벗어나거나 어떤 일을 시도하려 할 때 우리는 불안에 떤다. 이 불안이 책임 있는 행동을 할 수 있게 돕는다. 개인의 범주에서 일어나고 그 안에만 그치는 책임이 아니다.

사회적 책임에서도 그렇다. "나 하나쯤이야."를 표현하는 공익광고의 내용에는 이런 인물들이 쏟아져 나온다. 쓰레기를 버리는 나, 물을 오염시키는 나, 사람들 속에서 자기 권리를 우선하는 나, 교통 신호를 지키지 않는 나, 전염병의 시대에 공공질서를 지키지 않는 나, 불의에 방관하는 나 등 이들을 보면서 우리는 여러 각도에서 자신을 들여다볼 수 있다. '나'의 입장에서는 한 사람이지만

한 사람, 한 사람이 더해지고 더해져 결국엔 우리 모두 피해를 본다는 의식을 심어주는 것이다.

이 문제를 직시한 칸트는 책임감 있게 행동하라고 전한다. 책임을 다하지 않았을 때 느끼는 불안 때문이 아니다. 오직 자신의 선의지에서 유발된 도덕법칙을 따라 하는 행동을 우위에 두고 자기 행동의 결과를 헤아려 모두에게 선이 되도록 행동하라는 의미이다. 이 기준에 맞춰 자기 준칙을 정하되 이것이 보편 법칙이 된다면 우리 사회는 아름답게 유지된다. 바로 이 지점에서 칸트의 실천 이성이 비롯되었다.

'살아간다'는 것이 곧 목적이자, 절대적 가치가 된다

항상 인간 개념이 목적임을 인식하고
목적을 위한 단순한 수단으로 사용하지 마라.

'인간 개념이 목적'이라니. 어렵게 들리는 이 말을 정리해 보자. 우리에게 '목적'은 어느 과정에서 이루어 내야 할 목표, 성과로 이해된다. 독서의 목적, 이번 시험의 목적, 내 삶의 목적, 이 과정의 목적, 뚜렷한 목적 등 우리가 나아가고 도달해야 할 어떤 지점으로 인식하는 것이다.

그로 인해 '목적'은 우리를 도전으로 이끈다. 여기에 '인간 개념'이라는 말을 덧붙이면 '인간 개념이 하나의 무엇인가를 향해 나아가는 과정'으로 이해된다. 그리고 질문도 생겨난다. '내 삶의 무엇을 향해 가는 거지?', '그 목적지는 어디지?'라고 되묻게 된다. 마치 공통된 하나의 목적지, 완성해야 할 목적이 있는 것처럼 말이다.

하지만 칸트가 말하는 '목적'은 이와는 조금 다르다. 철학적 명사로 한 사람이 '실천 의지에 따라 선택하여 세운 행위의 목표'를 말한다. 자기 삶의 가치관이나 삶의 방향성을 정하고 나아가게 이끄는 힘이다. 이때 목표를 달성했는가, 얼마나 목표에 도달했는가 하는 문제는 중요하지 않다. 스스로 할 일을 정하고 열심히 살아가는 것만으로도 삶의 목적수행이 되기 때문이다. 자신의 목적을 이행할 때 가치 있는 존재가 된다는 것이 칸트의 설명이다.

칸트는 여기서 한 가지 조언도 빼놓지 않았다. 자기 삶을 위해 어떤 방식으로든 다른 사람을 이용하지 말라는 것이다.

"사람은 다른 이의 목적을 위한 도구가 될 수 없다."

이 말에는 모두 동의할 것이다. 그러나 고개를 끄덕이면서도 한편으로는 뭔가 께름칙한 기분이 든다. 자신이 피트니스센터 대표라고 했을 때, 돈을 벌기 위해 등록한 회원을 수단으로 여기는 건 아닌가? 선생이라면 학생을, 택시 기사라면 이용자를, 회사원이라면 소비자를, 출판사라면 작가와 독자를, 목회자라면 성도를. 모두 이렇게 얽혀 돌아가는 사회구조에서 수단이 안 되는 사람이 어디 있으며 모두 누군가에게 도구화되는 인간 아닐까 하는 의구심이 든다. 특히 자본주의 사회에서는 누군가를 이용하거나 경쟁에서 이겨야 자신이 올라갈 수 있는 구조이니 더욱 그렇다. 그렇다면 몹시 철학적인 이 문구를 어떻게 받아들여야 할까.

칸트는 이 문제에 명쾌한 결론을 냈다. 자신부터 단 한 사람의 '목적'으로 인식하고 다른 사람도 그의 목적에 충실한 사람으로 인정하라는 것이다. 모양만 다를 뿐 근본적으로 자기 실천 의지를 수행하는 사람이니 동등한 인격체라는 의미이다. 누가 우위에 있는 것이 아니므로 사람을 도구나 수단으로 이용할 수 없고 부릴 수 없다. 오직 서로에 대한 존중이 삶의 바탕이 되어야 한다. 이는 온전하게 인간의 철칙으로 지켜야 할 도리이다.

우리 일상에서 관계 맺음은 필수적이다. 두문불출하는 유형이라도 배고픔을 해결하기 위해서는 배달 음식을 시켜야 하고 전기와 물도 사용해야 한다. 그렇다면 가까운 주위에서 직접적인 영향을 주지 않더라도 이들 업종에 종사하는 사람과는 고객과 제공자로 연결될 수밖에 없다. 친인척은 물론 친구나 동료, 이웃, 물리적 관계에 이르기까지 사람과 사람이 고리에 고리로 걸고 그물망처럼 연결되어 있다.

그럼에도 '갑질' 문화의 팽배는 사회적 이슈가 되고 있다. 기업뿐 아니라 각종 영업장, 심하게는 아이들 교육 현장인 학교까지 만연해지고 있다. 서로 자신의 위치를 내세워 상대를 제압하려 든다. 자신이 상대보다 우월하다는 인식으로 상대를 '도구'로 생각하기에 저지르는 악행이다.

먼저 자기 내면에 인간 존중이 바탕되어야 한다. 그렇지 않으면 잘못하고 있다는 의식 없이 조건에 의해 사람을 대하고 평가하게 된다. 칸트도 이를 염려했다. 그래서 상호존중, 수평적 관계를 지향하는 것은 인간의 '의무'에 해당한다고 짚었다. 200년 전에 살았던 칸트의 말임에도 불구하고 현재까지 유효하다. 어쩌면 현대에 더 필요하고 간절해진 말일 수도 있다. 그런 의미에서 칸트가 한 말을 마음에 새겨보자.

"자연 체계 내에서 인간은 다른 동물들과 같이 대지의 산물로서 평범한 가치를 가진다. 그러나 도덕적 실천적 이성의 주체로서 인간은 자연 안에 존엄하며 절대적 가치를 가진 존재이다."

부정당한 나의 선함을 읽어낼 '신'의 존재

> 나는 믿음의 자리를 만들기 위해
> 지식을 부인해야 했다.

칸트의 부모는 신실한 청교도인으로 '성경'에 근거해 살았다. 그의 어머니는 친분 있던 신학자 슐츠가 지도하던 사학교 프리드릭스 김나지움에 칸트를 보냈다. 이렇게 유년 시절부터 기독교적 사고관을 철저하게 교육받은 칸트지만 신의 존재는 확인할 수 없으니 인간이 논할 부분이 아니라고 했다. 인간은 정확하게 알고 분명하게 근거를 댈 수 있는 부분에서만 이야기해야 한다는 것이다. 그렇다고 칸트가 신의 존재를 부인하는 건 아니다. 다만, 사람의 능력으로 확인이 불가한 신의 존재 여부를 가타부타 논해서는 안 된다는 것이다.

이처럼 신에 대해 확실하게 선을 그었던 칸트가 〈실천이성비판〉에서 신의 존재를 불러온다. 인간이 도덕법칙을 실천했을 때 신이 제시한 사후 세계가 유효하다는 것이다. 그의 철학 논리가 변한 것인가? 그렇지 않다.

누군가 자기 의지로 선의지를 실천했다면 사회적으로 인정받고 이에 합당한 행복을 누려야 한다. 하지만 우리 사회는 그 사람이 원하는 만큼 행복을 충족시켜주지 못한다. 이때 신의 존재가 요청된다. 즉 사후 세계에서 신에 의해 축복받고 행복을 보장받는 것이다.

예를 들어 길을 가다 돈이 든 가방을 주웠다. 이 사람은 주저하지 않고 경찰서로 가져갔고 결국 주인을 찾아주었다. 그런데 돈을 세어본 주인은 원래 금액보다 적다며 보상은커녕 어디서 어떻게 주웠는지 설명을 요구했다. 돈을 주어 주인을 찾아준 행동은 어떤 보상을 바라지도 않고 나쁜 마음도 섞이지 않은 인간의 마땅한 도리라는 의무론적 윤리로 행해진 순수한 행위였다. 그런데도 자신을 의심하는 상대의 반응에 불쾌감이 밀려든다. 경찰서를 나온 그는 '괜한 짓'을 했다며 자책했다.

그렇다면 이 사람은 자신의 선의지에 대한 인정을 어디에서 받아야 하는 걸까. 친구나 가족, 동료가 채워주려고 해도 이미 나빠진 기분을 돌이킬 수 없다. 어떠한 말로도 위안이 되지 않는 것이다. 여기에 더해 앞으로 남은 삶에서 실천할 '선의지'의 필요성까지 잃어버린다.

칸트는 바로 이 지점에서 신을 요청했다. 신의 영역에서는 현실에서 채울 수 없는 선의지에 대한 회복과 보상이 가능해진다는 것이다. 신의 영역으로 들어가면 인간이 줄 수 있는 그 어떤 보상보다 훨신 가치있는 것으로 채워주며 영원불멸의 축복까지 바라보게 된다. 우리가 실천 이성의 삶을 살아도 행복이 충족되지 않으면 선의지는 의미를 잃어버린다. 자신에게 이익이 되지도 않는 도덕법칙을 실천할 필요성을 느끼지 못하기 때문이다.

하지난 종교적 측면에서 바라보면 달라진다. 사람이 알아주지 않고, 세상이 알아주지 않아도 신은 인간의 선한 행동에 더 큰 보상을 준다는 위로를 전하기 때문이다. 그렇게 함으로써 가방 주인을 찾아 준 사람의 불만을 잠재울 수 있다. 그에게 현실적 보상보다 더 높은 가치를 제공함으로써 스스로 한 일에 뿌듯함을 느끼도록 해주는 것이다. 바로 이것이 '믿음의 자리를 만들기 위해 지식을 부인'했다는 칸트의 말이다.

믿음은 신앙심, 즉 신을 말한다. 순수이성비판에서 신의 존재를 '알 수 없음'이라고 고백했던 칸트가 실천 이성으로 넘어가서는 스스로 신의 존재를 요청하여 믿음을 표했다. 신은 실존하지 않아 '있음'을 분명하게 인정할 수 없지만, 그의 존재를 믿음으로 인해 삶에서 '선의지'를 실천하는 것이 훌륭한 가치를 지니게 되었다.

그러므로 우리 삶에서 자기 실천 이성이 인정받지 못하더라도 자기 안의 도덕법칙을 수행함을 주저하지 말아야 한다.

편협한 '끼리끼리 문화' 속의 당신은 맹인이 된다

도그마의 죽음은 도덕의 탄생이다.

'도그마'란 종교의 교리, 교의, 교조로 해석된다. 더 깊이는 인간의 구제를 위해 신神이 계시한 진리이며 신앙의 신조信條이다. 그러기에 신자들은 이를 무조건 따른다.

본래 도그마는 가톨릭의 초자연적인 계시에 근거하여 정해졌다. 신이 내려준 명령이자 지켜야 할 도리이기에 여기에는 이성적 비판이 허용되지 않았다. 맹목적으로 신봉되며 구체적 조건을 고려하지도 않는다.

중세의 도그마는 종교 안에서 결집력을 부르고 유대를 강화시키는 작용을 했다. 신이 내려준 계명을 지켜나가는 동지로 공동체가 형성되기 때문이다. 뿐만 아니라 사회적으로도 영향을 끼쳐 시민의식의 토대가 되고 질서를 유지하는 지침이 되었다.

이러한 도그마는 자연과학이 발전함에 따라 위기를 맞는다. 신의 주관인 줄 알았던 많은 현상의 근거가 과학적으로 밝혀지면서 신학자와 계몽자들 간 혼란이 야기된 것이다. 그들은 과학적 증거로 논리적 비판을 시작했다. 이에 이성적이고 합리적인 사고를 지닌 사람들은 도그마의 수용을 거부했다. 반면 종교의 힘으로 권력을 잡은 기득권은 자신들의 특권을 빼앗기지 않으려고 이를 인정하지 않았다.

칸트는 종교적 교리에 빠진 도그마를 부정했다. 신에게 의지한 채 주체적인 사고를 하지 못하면 결국 자기의 '도덕법칙'을 수립할 수 없다는 것이다. 그렇게 된다면 자신의 '선의지'도 신의 계시에 따른 행동이 된다. 그 결과, 자신의 삶 자체가 신의 명령을 준행하는 것이기에 사회 구성원으로서 삶의 목적을 성취해 갈 수 없다.

이를 염려한 칸트는 종교적 신념은 좋으나 먼저 인간으로서 가치를 생각하며 삶에서 실천하라고 전한다. '도그마의 죽음'이 신의 계시를 묵살하라는 말이 절대 아니니 오해하면 안 된다.

요즘 우리나라에서도 종교적 이슈가 많이 발생하고 있다. 정통교회 측에서는 '이단', '사이비'라고 부르지만 그 안으로 들어가면

'오직 진리'로 받들고 섬긴다. 이들은 맹목적으로 교주를 추앙하며 주관이나 원칙 없이 덮어놓고 그 교리를 따른다. 그러기에 그 종교의 지도자들이 신도를 향해 끔찍한 범죄를 저지른다. 그런데도 그 집단 안에서는 아무도 비판하지 않는다. 사회적 요구에 동요되지도 않는다. 오히려 잘못된 교리에 희생을 자처하는 사람도 있다. 도그마에 빠져 올바른 판단력을 상실한 것이다.

문제는 첨단 과학이 발전하고 있고 우주를 왕복하는 21세기에도 이런 도그마가 형성될 수 있다는 점이다. 도그마에 의해 심리를 지배당하면 현실적 감각과 판단력을 잃게 된다. 그로 인해 그들의 정신은 황폐해지고 그 틈에 종교 지도자는 지배력 확보해 독재적인 영향력을 발휘한다. 사람이 사람에게 이용당하게 되는 형국이 되고 마는 것이다.

혹여 자신이 어떠한 독단적 사고에 빠져 있다면 어서 빠져나오기를 바란다. 정보가 넘쳐나는 세상이다. 관심을 넓혀보면 다른 관점에서 자신이 맹신하는 현상을 객관적으로 볼 수 있다. 일 분일 초라도 앞당겨 자기 삶의 기준을 바로 세우기를 바란다.

'세상'이라는 놀이터에서 이성적 사고와 신나게 뛰어놀기

세상은 인간의 이성적 행동을 위한 놀이터이다.

세상이 놀이터라면 얼마나 좋을까. 그렇게 된다면 우리의 하루하루가 얼마나 즐거울까. 상상만으로도 신이 난다. 놀이터의 즐거움을 우리가 한 번쯤 경험해 보았기 때문이다. 가장 천진한 아이들의 웃음소리를 들을 수 있는 곳이 놀이터이다. 뭐가 그리 재미있는지 아이들은 연신 깔깔거리며 웃어댄다. 시소를 타다 엉덩방아를 찧어도 좋고 미끄럼틀에서 쭉 미끄러져 내려오는 쾌감도 환상적이다. 정글짐을 타고 오르는 기쁨은 어떤가. 어느 봉을 잡을까 고민하며 발을 내딛고 정상에 오르는 것도 성취감을 준다. 그로 인해 놀이터는 우리 생활의 흥을 불어넣는 곳으로 인식되고 있다. 생각만으로도 즐거움이 가득한 곳.

반면, 생활의 터전인 현실과 세상은 어떤가. 고뇌와 고충, 경쟁과 대립이 가득한 곳이다. 벗어나고 싶은 곳, 시시각각 변화하는 질서에 맞춰 힘들게 좇아가야 하는 곳이다. 놀이터에서 신나게 놀던 아이들도 놀이터에서 벗어나는 순간 마찬가지다. 학교로 학원으로, 집에 가면 숙제와 학습지로 쉴 새 없이 내달려야 한다. 그래야 겨우 남들과 비슷하게 발을 맞출 수 있다. 뒤처지지 않고 따라가는 방법이기도 하다. 성인도 마찬가지다. 어른은 숨이 턱에 찰 만큼 달려야 한다. 실적은 날마다 그래프로 드러나고 능력을 최대치를 발휘해도 적수들을 당해낼 재간이 없다. 그렇다고 포기하면 도태되므로 아등바등하며 기를 쓰고 버틴다. 그렇지 않고서는 살아남을 수 없으므로. 그렇다고 세상 탓, 현실 탓, 정치 탓만 한들 무슨 소용이 있겠는가. 결국은 다른 사람보다 출중하지 못한 자신의 탓이라는 것을 아는데.

안타깝게도 우리는 늘 이렇게 좌절하면서 산다. 그 이유는 우리가 너무 경제적 관점인 '부'에 집중해 자기 삶을 꾸려나가기 때문이다. 칸트는 이런 우리에게 세상을 다르게 보라고 말한다. 세상을 뛰고 즐기는 놀이터로 생각하라는 것이다. 그리고 아이들이 놀이터에서 뛰어노는 것처럼 성숙한 성인의 감성으로 성취감을 느끼고 삶의 풍요로움을 더하라고 했다. 그러기 위해서는 전제조건이 필요한데 바로 '이성적 행동'이다.

사회를 살아가는 우리는 이성적 행동을 추구한다. 합리적이고 객관적인 사고로 일을 처리하고 편협하거나 한쪽으로 치우친 관점을 가지지 않으려고 노력한다. 그렇게 되면 정의가 무너지고 개인적 감정만 남는 것을 알기 때문이다. 그런데도 만약 친한 동료가 자기 상사를 험담한다면 당신도 동료 편에 서서 같이 욕한다. 동료의 이야기만 들었기에 상황을 정확히 알 수 없었음에도 말이다. 대중심리를 따라 자신의 의사를 결정하고 옳지 않은 행동임을 아는 데도 굳이 지적하여 반대편에 서지 않는다. 이러한 동조는 확실한 내 편이 있다는 안정감을 준다.

그러다 한순간 환경이 변하면 자신이 뱉은 말은 화살이 되어 돌아온다. 그 상사를 욕한 사람은 '나'뿐이며 직접적인 관련도 없으면서 남의 험담만 하고 다니는 우스운 사람이 되고 만다. 너무 노골적인 예를 든 것 같지만 이성적 사고와 행동이 뒷받침되지 않으면 이보다 난처한 일을 자주 겪게 된다. 놀이터에서 놀다가 다치고 상처 입는 꼴이 되고 마는 것이다.

칸트는 이를 방지하기 위해 세상을 놀이터 삼아 신나게 살기 위해 이성적 행동이 필수라고 얘기한다. 이성적 행동을 마음껏 펼치며 능력을 인정받고 신뢰를 쌓으라는 것이다. 감정이나 인정을 앞세우면 놀이터의 즐거움을 만끽할 수 없다. 내 편만 보이고 선입견과 편견이 한쪽 눈을 가리기 때문이다.

이성적 사고를 앞세우면 세상을 바라보는 관점이 바뀔 수 있다. 옳음, 정의, 평등, 바름 같은 단어가 보일 것이다. 놀이터는 나 혼자 즐기는 곳이 아니다. 더불어 즐기고 함께 노는 공간이다. 소수를 위한 장소가 아니라 다수의 행복을 위한 장소이다. 세상이 그렇다. 그러므로 이성적 행동은 제약이 아니라 필수 요건이 된다.

아는 만큼 세상에서 자유롭게 헤엄칠 수 있다

지식은 인간의 자유와
도덕적 발전을 위한 필수 요소이다.

배움에는 끝이 없다고 한다. 실제로 도서관이나 평생교육원, 학원 등 교육 프로그램을 운영하는 곳에는 남녀노소 할 것 없이 수강생들이 몰린다. 책 읽기부터 악기, 그림, 노래, 바둑, 꽃꽂이, 여러 운동, 요리 등 개설되는 과목도 다채롭다. 이렇게 쉴 새 없이 배우는 이유를 물으면 각자 다르게 답한다. 잠재된 재능을 계발하기 위한 목적이거나 취미생활, 또는 업무 환경에 필요한 능력을 기르기 위해서이다. 이를 달리 해석하면 배움으로 자신의 발전적 성장을 기대하는 것이다.

"배워서 남 주나."라는 속담이 있다. 어떤 내용이든지 배우면 자기에게 유리하게 이용되고 누구도 빼앗아 갈 수 없는 자기만의 자산이 된다는 의미이다. 이를 가장 확실하게 설명하는 이야기가 탈무드에 나온다.

어느 날, 세 사람이 배에 올랐다. 다른 지역에 이주해 살겠다며 그동안 자신들이 모은 것들을 가지고 왔다. 한 명은 값비싼 보석과 비단옷, 다른 한 명은 자루 가득 돈을 담아왔다. 마지막 한 명은 빈손으로 탔다. 두 사람은 만나자마자 자신들이 얼마나 많은 것을 가졌는지 자랑했다. 보석과 돈으로 궁궐 같은 집을 사고 장사해 더 큰 부자가 되겠다고 호언장담했다. 그러면서 아무것도 가지지 않은 사람에게 “당신은 어떻게 살아갈 생각이요?”하고 물었다. 그 사람은 지긋이 웃을 뿐 대답하지 않았다. 그들에게는 그가 대책이 없는 사람으로 보였다. 한심하다며 혀를 차기도 했고, 좀 도와줄 거냐고 동정하기도 했다. 그런데도 그가 아무 말을 하지 않자 자기들이 집을 사면 하인으로 부르겠다며 비웃었다.

한참 뒤, 갑자기 거센 풍랑이 일었다. 엎친 데 덮친 격으로 배에 구멍이 났다. 사공은 배를 물건들을 모두 바다에 던지라고 했다. 그렇지 않으면 모두 바다에 빠져 죽을 수밖에 없다는 것이다. 부자들은 망설이다 어쩔 수 없이 진귀한 보석과 자루에 든 돈을 바다에 조금 버렸다. 그래도 계속 배가 가라앉자 가지고 있는 모든 것과 입고 있던 옷까지 벗어 바다에 던져야 했다.

배는 가까스로 육지에 닿았다. 세 사람은 모두 빈털터리가 되어 배에서 내렸다. 보석을 가졌던 사람과 돈 자루를 가졌던 사람은 망연자실 넋을 잃고 주저앉았다. 그들은 사업의 기반을 이루고 자기 인생에서 오직 하나를 추구했던 물질을 모두 잃고 그로 인해 삶의 의지까지 꺾인 것이다. 그러나 빈손으로 탄 사람은 주위에서 옷을 얻어 입고 나섰다. 두 부자는 가진 것도 하나 없는데 도대체 어떻게 살아갈 것이냐고 물었다. 이에 그 사람이 자기 머리를 가리키며 대답했다.

"내 재산은 절대 잃어버리지 않았습니다. 바로 이 안에 있으니까요."

칸트는 지식이 자유를 준다고 했다. 이 탈무드 이야기에 그 이유가 담겨 있다. 부자들은 물질적인 것을 추구했기에 그것을 자랑할 수는 있으나 보관하고 지켜야 하기에 온전히 자유로울 수 없었다. 그러나 지식 자산을 가진 사람은 겉으로는 보이지 않으니 빼앗길 위험에 처하지 않고 잃어버릴까 전전긍긍하지 않아도 되었다. 어떤 구속적 요소가 사라졌다는 것이다. 또한, 이 지식을 어떻게 활용하느냐에 따라 그 가치는 무한대로 커진다. 유형의 재산뿐 아니라 무형의 가치를 볼 수 있는 현명함도 갖추게 된다. 그러므로 삶에 전전긍긍하지 않게 되고 열린 사고로 세상을 바라볼 수 있다. 이것이 아는 것의 힘이다.

도덕적 발전 또한 마찬가지여서 지식을 갖춘 사람이 더 공공의 선, 공동의 이익을 위해 싸울 수 있다. 그로 인해 자신은 물론 공동체를 발전시키고 세상을 변화시킨다. 왜 그렇게 살아야 하는지 이유를 알고 행동하기 때문이다.

제2장 바른 가치를 위하여

I was happy to meet Kant today

A life walk with Kant

무엇을 위해 오늘을 살 것인가,
인생에서 무엇을 추구할 것인가 하는 문제의 답은 사람마다 다르다.
각자 맡은 역할이나 상황, 환경이나 조건에 따라 달라질 것이다.
하지만 '인간'이라는 하나의 관점에서 보면 바른 가치의 기준은
하나이지 않을까? 칸트가 여기에 답한다.

마음속 죽은 양심을 깨우는 선한 죽비 소리

정언명령은 객관적으로 필요하며 행동을 나타낸다.

"우리의 행동 기준은 누가 정해 주는가?"

이 질문을 받고 고민을 시작했다면 당장 멈추자. 전제조건부터 틀린 말이다. 우리 행동의 기준은 누군가 정해 주는 것이 아니다. 그렇다면 다시 질문해 보자.

"우리 행동의 기준은 누가 정하는가?"

아장거리던 어릴 때로 거슬러 가보자. 부모님 손을 잡고 식당에 갔을 때, 울거나 식당 안을 마구 돌아다니면 통제가 가해진다.

"어허! 사람 많은 곳에서는 조용히 해야지."

"사람 많은 음식점에서 뛰어다니면 안 돼."

이런 말을 들은 아이는 '아, 사람 많은 곳에서는 큰 소리를 내서도, 뛰어서도 안 되는구나.'라는 사실을 안다. 학교에 가면 학생으로서 지켜야 할 행동 규칙이 매일 조회와 종례 시간에 제시된다.

이렇게 행동 규범을 제시하는 사람들은 한결같이 입을 모은다. '다, 널 위해서야.', '너 잘되라고 말해 주는 거야.'라는 식이다. 진짜 그렇기도 하다. 하나하나 틀린 말이 없고 사회를 유지하는 질서이자 규칙이고 인간의 도리이다. 그러나 이를 쉽게 받아들이는 사람도 있고 고집스럽게 자기 권리를 내세우며 자유를 주장하는 사람도 있다. 하지만 그 행동에 대한 사회적 책임만은 각자의 몫으로 어느 누구도 피해갈 수 없다.

칸트도 우리에게 주체적인 행동의 명령을 제시했다. 바로 '정언명령'이다. 이 정언명령의 의미만 잘 알아도 칸트를 이해하는 데 큰 도움이 된다. 그 정의부터 알아보자.

당신이 왕복 6차로 교차로에서 무거운 짐을 들고 횡단보도를 건너는 할머니를 보았다. 초록색 신호등이 깜빡이며 남은 시간이 15초에서 점점 줄어드는데 할머니는 중간쯤 가고 있다. 당신도 중요한 거래처 약속에 늦은 상황이다. 빨간불로 바뀌는데 이제 10초 남았다. 이때 당신은 할머니의 짐을 대신 들고 부축해서 길을 함께 건넌다. 그 사이 빨간불로 바뀌어 차들이 경적을 울려대지만,

할머니 대신 당신이 손을 들고 죄송하다고 사과하며 건넜다. 여기서 질문이 나온다. 당신은 왜 이런 행동을 했는가?

"본능적으로!"라는 답을 찾았다면 당신은 정언명령을 수행한 것이다.

정언명령은 자기 내면의 선善에 의해 행동하는 의무이자 절대적 행동 법칙이다. 오롯이 자기의지에서 발현된 마음의 씀씀이다. 어느 누구도 그렇게 하라고 제시하지도 않았다. 사회구성원으로 지켜야 하는 의무나 규제조항도 아니다. 수행하지 않는다고 처벌이 가해지지도 않는다. 그런데도 그 행동을 하며 시간이나 힘, 노동을 기꺼이 감수하는 것이다.

정언명령에 상응하는 말이 '가언명령'이다. 자신에게 유익이 되는 조건을 떠올리고 행동을 결정하는 것이다. 만약 할머니를 도우면 '착한 사람으로 인정받겠지?', '엄마가 생각나서.', '사람들이 욕할까 봐.', '안 도와주면 찝찝할 것 같아서.'라는 식의 조건을 붙여 할머니를 도왔다면 가언명령의 수행이다. 자신의 이익이나 상황을 인지하고 자신에게 도움이 되거나 유리하다고 판단될 때 실행하는 '선'이다. 자신이 행하는 '선'에 어떠한 보상이나 대가가 따르기를 바란다. 여기에는 타인에게 하는 칭찬이나 인정, 자기만족까지 모두 포함된다. 결국 어느 식으로든 자기 욕구를 충족하는 선이기에 정언명령의 '선의지'와는 다르다.

칸트는 '정언명령'이 최고의 도덕적 가치를 지녔다고 했다. 어떤 수단으로 이용되지 않는 본성적 행동으로 인간임을 드러내기 때문이다. 과도한 경쟁과 급변하는 사회에 발맞춰 살면서 정언명령을 수행하기란 매우 어렵다. 그러나 가만히 자기 안의 선의지를 들여다보자. 오로지 인간의 본의를 실천하며 사는 것, 바로 이것이 우리가 가장 가치 있게 추구해야 할 삶의 목적이 되어야 한다.

마천루를 오르는 가장 중요한 방법, 첫 계단 밟기

> 성공의 원칙은 본인의 행동이 결코
> 다른 사람의 행동에 따르지 않는 데 있다.

생각해 보면 '성공'의 범위는 광범위하다. 개인적인 부분이 있고 사회적으로 기대되는 성공이 있다. 우리는 모두 성공을 꿈꾸지만 그리 간단한 일은 아니다. 그러기에 성공한 사람들에게 존경 어린 시선을 보내며 모방하고 싶어 한다. 그들이 읽는 책은 무엇이며, 어떤 대화를 나누는지 생각을 엿보고 자신에게 해주는 말 한마디라도 듣고 싶은 것이다. 그래서 사회적으로 성공한 사람들의 강연장을 찾고 블로그, 개인 SNS에 접속한다. 이를 증명하듯 세계적인 부호 워런 버핏은 자신이 점심 한 끼를 함께 먹어주는 대가를 경매에 붙인다. 그런데 2023년에는 무려 246억에 낙찰되었다. 이 자선 행사는 해마다 열리는데 점심의 가격도 해가 거듭될수록 높아진다. 그는 이 돈을 빈민구호단체에 기부한다. 지금까지 그의 점심 경매로 누적된 금액이 688억 원이라고 하니 한 사람의 성공이 더불어 잘 사는 사회를 만든다는 사실을 여실히 보여주고 있다.

사회적으로 성공한 사람에게 그 비결을 물으면 아주 간단히 답한다.

"서두르지 말고 단계별로 성취해가라."

물론 이 한마디가 모든 성공의 비결일 수 없다. 하지만 성공에 관해 조언하는 사람이라면 누구라도 이 말을 빠트리지 않는다. 그 이유는 "천 리 길도 한 걸음부터."라는 속담에도 나와 있지 싶다.

첼리스트 요요마는 7살에 바흐의 '여섯 개의 무반주 첼로 모음곡'을 연주하기 위해 하루에 한 마디씩 연습했다고 한다. 여섯 개의 곡으로 된 악보이니 그 마디 수가 얼마나 많겠는가. 그런데도 어린 요요마는 어린 나이에 하루에 한 마디씩 완벽하게 연습하면 언젠가는 자신이 완성된 연주를 할 수 있다고 믿었다. 그리고 그는 그렇게 해냈다.

그는 하버드대학을 나오고 18개의 그래미상을 휩쓴 첼로의 거장이지만 성공에 이르는 길로 한 마디씩 연습하는 방법 외에 다른 방법을 알지 못한다고 했다. 남들과 똑같은 상황(손가락 다섯 개, 악보를 보는 눈, 소리를 듣는 귀)에서 자신이 남들보다 더 잘할 수 있는 비결은 연습밖에 없다는 것이다.

한 계단을 올라야 다음 계단을 오를 수 있다. 계단에 발을 올려 놓지 않은 상태에서 계단의 끝을 본들 한걸음에 올라가지 못한다. 자신의 보폭보다 한 번에 높이 오르려면 누군가의 도움을 받거나 지탱할 무언가가 있어야 한다. 그것도 아니면 딛고 올라갈 디딤돌을 짓누르고 탄력을 받아 뛰어올라야 한다. 그렇지 않으면 방법이 없다. 성공에 급급한 사람은 그렇게라도 해서 자신이 높이 오르고 싶어 한다. 남들의 희생을 발판으로 삼기도 한다. 타인의 피해에 알량한 대가를 지불하며 자신을 합리화하거나, 사회는 먹고 먹히는 약육강식의 세계라며 자기 행동을 정당화하려 들기도 한다. 그러나 이는 결코 칸트가 바라는 성공의 길이 아니다.

자신만의 단계를 만들어 놓으면 타인을 이용하지 않는다. 또한 다른 이들의 행동을 그대로 따르지 않고 주체적으로 앞으로 나갈 수 있다. 한 단계를 올랐을 때 성취감을 얻고 자신감을 충전하고 비축하며 목표를 향해 간다. 그렇게 작은 성취가 쌓일 때 성공에 이른다.

37층에 사는 당신의 아파트 엘리베이터가 고장 났다고 생각해 보자. 야근으로 밤 12시에 퇴근한 당신은 계단을 올라가야 한다.

슈퍼맨이 아닌 이상 날아서 집에 들어갈 수는 없는 법. 시작은 다리 한쪽을 들어 올려 첫 계단에 발을 딛는 것에서 출발한다. 그리고 1층을 오르고 2층, 3층…. 한 층씩 올라갈 때마다 목적지에 가까워진다는 것을 안다. 중간에 숨이 턱까지 차 죽을 지경이어도 당신은 포기하지 않을 것이다. 그리하여 끝내 당신의 집 비밀번호를 누르고 들어간다. 성공이다.

현재 당신의 인생이 밤 12시, 깜깜한 밤중에 놓여 있다면 첫발을 먼저 들어야 한다. 앞이 보이지 않아도 당신이 더듬거려야 한다. 그것을 대신해 줄 사람은 없다.

자유에게
'자유'를 선물하자

> 자유는 정법에 의한 것이어야 하며,
> 그 정법은 자유를 제약하지 않아야 한다.

자신이 최대한 누릴 수 있는 자유는 어디까지일까. 사회에서 개인의 자유를 허용하는 범위는 얼마나 넓을까. 그리고 그 한계는 얼마까지일까. '자유'라는 단어를 앞에 두면 이런저런 생각이 왔다 갔다 한다.

인간관계에서도 자유의 영역이 존재한다. 그 구간은 어디까지며 내 구역에 상대가 들어오면 어떻게 해야 할까. 적의 공격일까? 우호적 침범인가, 점령하려는 침략인가. 너무 머리가 복잡해진다. 자유의 범위 안에서는 '나'가 우선되기 때문이다.

그러므로 '자유'를 만끽하기 위해서는 먼저 자신의 '자유 구역'을 정해 두어야 한다. 법의 적용이 미치지 않는 사적인 영역으로 상대가 들어올 때를 대비해야 한다는 말이다.

칸트가 말하는 자유는 사회적 '자유'이다. 사회구조의 법에서 말하는 자유는 관념적이고 제한적이며 통제를 위한 수단으로 쓰인다. 자유권을 보장하는 대신 자유를 남용하지 않도록, 개인의 자유가 우선 되지 못하도록 여러 관련 법이 그물망처럼 엮여있다. 예를 들어 안전벨트를 매지 않는 것은 개인의 자유이지만 경찰에게 걸리면 범칙금을 물어야 한다. 개인의 안전을 국가에서 지켜준다는 명목이며 사회 질서 유지와 사회 간접 비용을 줄이려는 명분이다.

그러므로 "정법은 자유를 제약하지 않아야 한다."라는 칸트의 말은 개인의 자유가 법의 테두리 안으로 들어가야 함을 의미한다. 개인은 그 정법이 보장한 범위 안에서 자유를 얻을 수 있다.

사회가 질서 있게 돌아가려면 개인의 자유를 내세워 빨간불에 횡단보도를 건너면 안 되는 이치와 같다. 길을 건너고 싶은 자유의지를 색깔로 통제하여 남에게 피해를 주는 행위를 막고 자신도 보호받도록 한다. 그래서 우리는 스스로 '자유권'을 일정부분 법에 맡겨 두는 것이다. 질서를 위하여!

그러나 지극히 사적인 영역의 '자유'는 좀 다르다. 자신의 정체성이나 주체성과 연결된다. 자유의 영역도 광범위하다. 시간, 돈, 일, 아이디어, 관계 등 자신과 관련된 모든 곳에 '자유'가 숨어 있다. 그것을 어떻게 찾고 활용하는가 하는 문제는 전적으로 자신에게 달려 있다. 그리고 당연히 자유에 따른 책임을 져야 한다.

예를 들어, 지금 과제가 산더미처럼 쌓여있는데 친구가 만나자고 한다. 무엇을 우선할 것인가. 친구와 과제 사이에서 결단을 내리는 것은 당신의 자유이다. 하지만 과제를 다 하지 못했을 때 자신이 겪을 일과 친구의 부탁을 거절했을 때 벌어질 일까지 모두 감당해야 한다. 기분에 따라 혹은 관계에 휘말려 결정지을 일이 아니라는 것이다.

선택을 함에 있어 자신에게 한없는 자유가 주어진 것 같지만 실은 시간, 돈, 일, 아이디어, 관계에 내포된 모든 자유에 제약이 붙는다. 이러한 현실 앞에서 우리는 자신에게 '자유'가 있나 반문하게 된다.

평소 자신의 '자유'를 여러 방면에서 많이 생각해 두자. 자유 시간이 주어졌을 때 여행 가고 싶은데 '돈'이 없다면? 시간도 돈도 있는데 어디에 가서 무엇을 보고 싶은지 몰라 결국 영화 보는 것으로 끝낸다면 자신에게 불만이 쌓이게 된다.

관계에서도 마찬가지다. 다른 이가 내 자유의 영역을 아무 거리

낌 없이 들락거린다면 신경이 쓰이고 불평이 늘 수밖에 없다. 결국 자신의 에너지가 소모된다. 너무 밀착되어 틈이 없는 부부나 친구, 동료 관계도 마찬가지다. 어떤 부분에서든 자신의 '자유' 영역은 남겨 두어야 한다. 자유는 자기 권리의 영역이지만 침범당하고 싶지 않은 자유에 대해 많이 생각해 두자. 대처하는 방법까지 고민해 두면 좋다. 그리고 평소 자투리 시간에 틈틈이 자신에게 '자유'를 선물해 보자. 생활의 여유도 가지게 되고 즉흥적으로 자유를 사용할 때 실패를 줄이는 방법이다. 칸트가 말한 사회 내 질서 유지를 위한 자유의 개념은 우리가 한 명의 구성원으로 살아가는 동안은 필수다.

부딪히고 깨지고 새살이 돋으며 만들어지는 단단한 사고

우리의 사고는 경험과 개념의 조합을 통해 형성된다.

말은 그 사람의 사고를 대변한다. 처음 만나는 사람도 그가 사용하는 어휘를 보면 그의 과거를 알 수 있다. 무슨 일을 했는지, 어떤 분야의 책을 읽는지, 어떤 TV 프로그램을 자주 보는지, 어디에 관심이 있는지, 어떤 경험을 하며 오늘에 이르렀는지까지. 그가 사용하는 사투리나 스스로 알려주는 개인 정보 때문이 아니다. 말을 할 때 사용하는 단어가 그것을 종합해서 말해준다.

칸트의 이번 명언이 말의 중요성을 얘기한 건 아니다. 그럼에도 '말'의 의미를 떠올린 것은 말을 통하지 않고는 생각이나 사고를 드러낼 수 없기 때문이다. 여기서 '말'은 글을 포함한다. 그래서 우리가 직접 만나지 못하는 유명 인사나 작가의 책을 보면 그의 가치관이나 관점, 사고의 범위와 기준을 알게 된다. 물론 몇 시간의 만남이나 한두 권의 책으로 상대를 모두 알지는 못하지만 핵심 사고의 개념은 알 수 있다.

사고의 폭이 넓은 사람은 사람에 대한 이해와 현상에 관한 판단이 남다르다. 이를 아는 우리는 자기 생각과 사고에 깊이를 더하고 싶어 한다. 그러나 경험할 수 있는 일은 한정되어 있고 만나는 사람도 특정되어 있어 자신의 틀을 깨기가 어렵다. 그렇다면 서서히 관심의 분야를 확장해 보자.

먼저, 자기 영역 밖의 문제나 분야에 관심을 가져보자. 음악, 미술, 스포츠, 문학, 철학, 정치, 미용, 역사, 요리나 패션도 좋다. 키워드 하나를 잡고 업무나 공부 시간 외에 그쪽의 자료를 찾아보고 설명해 주는 영상을 보자. 요즘은 전문가들이 자신의 전문지식을 공유하기 위해 SNS나 개인 방송을 많이 한다. 어려운 분야도 초보자들이 알아들을 수 있도록 영상 편집 기술을 활용해 체계적으로 알려주고 있다. 각 분야의 전문가 채널은 아주 유용하다. 하나를 찾아보면 사이트에서 알고리즘으로 다양한 콘텐츠를 올려준다. 관심이 관심을 불러오는 격이다.

그러나 처음부터 사고를 키우고 넓히겠다는 의도로 접근하지는 말자. 금방 질리고 심화로 들어가면 어려워져 쉽게 포기한다. 얕은 지식보다 깊이 있는 지식이 사고 형성에 도움이 된다. 물론 깊이 있는 탐구를 위해 전문 서적을 읽거나 강연을 듣는 것은 금상첨화이다.

두 번째, 꼬리에 꼬리를 물고 질문하자. 질문은 사고를 키워낸다. 어떤 일에든 질문하지 않으면 생각의 힘은 자라지 않는다. 당연한 것으로 받아들이지 말고, 전문가가 한 말이라고 무조건 추종하며 권위에 복종하지 말자. 대신 '왜 그럴까?'라고 고민하자. 그래도 의문이 계속된다면 나보다 더 많이 아는 사람을 찾아 또 질문해야 한다. 배워나갈수록 사고는 확장된다. 자신의 어휘와 말도 늘어난다.

우리의 사고력 향상을 위해 칸트의 말을 다시 되새길 필요가 있다. 경험하지 않으면 사고의 확장이 더디고 한계에 맞닥뜨린다. 몸소 부딪히며 알아갈 때 오롯이 자신의 것이 된다. 이를 토대로 남부럽지 않은 사고를 할 수 있다. 훌륭한 사고의 소유자로 거듭나는 길이다.

갈등의 깊이만큼 성숙해진다

도덕적 원리는 인간이 지닌 모든 유의미한 행동의 근간이다.

'도덕법칙'은 양심이 포함된 '도덕'에 사회적으로 반드시 지켜야 하는 '법칙'이 붙어 공공질서를 일컫는 말처럼 들린다. 하지만 칸트가 말하는 '도덕법칙'은 개인의 이성이 자신에게 스스로 부여한 삶의 원칙이자 의무이다. 강제성이 없는 개인의 자율 의지이지만 인간으로서 마땅히 해야 하는 행동으로 삼는다.

그러나 세상을 살면서 순수하게 자신의 도덕법칙을 완벽히 따를 수 없다. 우리 내면에는 악과 선이 공존하며 본능과 이성, 자유와 타율이 존재하므로 갈등이 계속되기 때문이다. 만약 당신이 자동차를 운전하고 가는데, 어떤 사람이 혼잡한 교차로에서 신호를 지키지 않고 빨간 불인데도 횡단보도를 건넌다고 하자. 당신은 신호를 지켜야 하는가, 사람을 보호해야 하는가. 신호를 지키지 않은 사람에게 잘못이 있지만 당신은 그를 보호하기 위해 차를 멈출 것이다. 그만큼 우리는 더불어 사는 사회를 위해 자신의 욕구를 자제할 줄 안다.

그러나 때로는 피해를 보지 않기 위해 혹은 유리한 위치에 서기 위해 순수이성의 지시를 회피하거나 거부한다. 이런 사람을 보면 우리는 아주 쉽게 손가락질하지만, 어느 땐 자신이 이런 행동의 당사자가 된다. 우리 안에 잠재된 '이기심'이 시도 때도 없이 꿈틀대기 때문이고, 경쟁으로 내모는 사회구조 때문이기도 하다. 그로 인해 우리 사회는 갈등과 혼란이 요동치는 세상으로 변했다. 우리는 그런 사회에서 살아남기 위해 자신의 도덕법칙에서 멀어졌다. 선의와 욕구, 욕망이 물고 물리는 악순환이 반복되는 것이다.

어떤 일을 하기에 앞서 마음속에서 갈등이 시작된다면 칸트의 말을 되새겨보자. 자기 내면의 도덕법칙, 자율 의지, 순수이성을 떠올리는 것이다. 그로 인해 깊은 갈등을 이겨내고 자기 의지를 실현해 나간다면 그 행동의 가치는 크다.

자신에게 일어난 내적 갈등은 자신이 어떤 의도로 행동해야 하는지 알지만 욕망이 이를 방해하며 싸움을 걸 때 생긴다. 이 싸움은 상황에 따라 하루에도 수십 번 일어난다. 이때 그 어떤 것보다 오로지 자신의 선의에 집중하자. 사회적 혼란이 가중될수록 그 가치는 빛이 난다.

경쟁과 대립이 첨예하게 맞부딪히는 세상에서 살아남기 위한 발버둥은 자신을 괴롭게 한다. 조금 여유를 가지고 자신을 돌아보자. 자기 내면에서 발현되는 '순수이성'을 아끼고 먼저 우대해야 한다. 도덕적 원리가 무의미하다면 심리적 갈등이 필요 없다. 그 갈등의 깊이만큼 자신이 성숙하고 있다는 뜻이다. 다른 사람보다 한 차원 높은 인성은 언제 어디서든 빛을 발한다.

내 삶의 기준으로,
나다움을 만들어 가는 세상

모든 의무는 법칙으로부터 파생되며, 법칙은 모든 의무를 지시한다.

법칙과 의무는 공생관계로 보인다. 하나의 법칙이 세워지는 순간 우리의 의무가 발생한다. 의무를 지키지 않으면 처벌을 받는데 그 처벌의 근거는 법칙을 지키지 않음이다. 법이 지켜져야만 질서가 유지되고 혼란을 막을 수 있기 때문이다. 그렇다면 여기서 질문이 생긴다. 법이 없다면 의무조항은 없어지는 것인가? 처벌이 없다면 법칙은 무효화되는가?

법칙을 찬찬히 살펴보면, 모두 우리 행동의 규제이다. "공공의 질서를 유지하기 위한 것이니 당신은 법칙에 근거하여 움직이십시오."라는 뜻이다. "그렇지 않으면 그에 상응하는 벌을 받게 될 것입니다."라는 조항까지 덧붙여 처벌의 법적 근거도 마련해 두었다. 이는 명문화된 법칙, 즉 강제성을 가진 우리의 통제이다. 다수의 이익과 질서 유지를 위한 최소한의 규제라는 것을 알기에 우리는 군소리 없이 의무를 이행하며 살아간다. 처벌의 규정도 확실하여 그 법의 테두리 안에 있으면 최소한의 안전을 보장받으며 이만큼이라도 평화로운 세상에서 살아갈 수 있다. 당연히 법칙을 지키며 의무를 완수하는 사람이 많기 때문이다.

자기 안의 도덕법칙은 내면의 '순수 감정'이 포함된 지극히 개인적인 법칙이다. 법적인 근거나 구속력은 없지만, 자기 행동을 통제함으로써 온전한 인간의 의무를 다하는 자기 규제이다. 칸트는 무엇보다 이 '순수이성'에 근거한 의무를 강조했다. 인간 한 사람으로서 의무는 자기 내면의 도덕법칙으로부터 나온 것으로 자기 행동의 모든 의무를 지시한다는 뜻으로 이해해야 한다.

여기서 '의무'는 인간 본성에 의한 행동, 감정, 심리의 움직임까지 총괄한다. 가게에 들어서며 인사하는 것, 버스나 택시에 승차하면서 인사를 건네는 것, 공감의 마음을 전달하는 것, 공공의 질서를 위해 불편함을 참는 것 등 여러 모양으로 드러나게 된다. 일상생활에서 혹은 회사나 단체에서도 보이는 지극히 자기다움이다.

누구나 자기 삶의 기준을 가지고 있다. 하지만 누구나 적극적으로 수행하지는 않는다. 너무 사소한 거짓말이니 괜찮고, 금액이 적으니 상관없고, 나보다 못한 사람이니 당연히 용서받을 수 있다고 판단할 때가 많다. 혹은 쉬운 일이라고 무시하고 너무 쉽게 어긴다. 인간으로 살아가는데 가장 도덕적인 근원인데도 말이다. 신뢰가 무너진 사회는 다른 사람이 만든 것이 아니다. 우리 스스로 그 일에 동참했으며 그렇게 되도록 거들었다는 점을 알아야 한다.

순수이성에 따른 '도덕법칙'과 법적 규제를 가진 '자연법칙'의 의무 총량을 비교하면 어느 것이 더 클까. 심리적 압박은 어느 쪽이 더 강하게 느껴질까. 그 선택은 개인의 몫이다. 그러나 자기 내면의 도덕법칙을 확인하고 생활에서 실천하는 것은 자신이 살아가고 있음을 증명하는 길이다. 정체성이 분명하고 존엄성을 가진 인간이라면 누구나 그렇게 해야 한다. 더 살기 좋은 세상을 위하여.

'Only one', 단 하나의 당신은 오직 당신을 위해 존재한다

> 존엄성을 가진 인간은 고난과 역경을 이기는 데 능하다.

'세계 인권 선언'의 1조에는 "모든 인간은 태어날 때부터 자유로우며 그 존엄과 권리에 있어 동등하다. 인간은 천부적으로 이성과 양심을 부여받았으며 서로 형제애의 정신으로 행동하여야 한다." 라고 명시돼 있다.

그러나 역사적으로 근대까지 인권은 남자들, 그중에서도 특정한 사람에게만 인정되는 권리였다. 이러한 불평등에 맞서 얼마나 많은 사람이, 얼마나 오랫동안 투쟁해야 했던가. 지금 우리가 가진 동등한 인권은 이전 세대 누군가의 값진 희생으로 얻은 결과이다. 그러므로 현대의 우리는 누구도 차별 없는 세상을 만들어야 한다.

인권은 인간의 존엄성에 바탕을 두고 있다. 인간이라면 모두 '가치 있고 귀한 존재'라는 뜻이다. 그러나 안타깝게도 사회 활동을 하는 사람의 일부는 그렇다고 대답하지 않는다. 자신은 가치 있고 귀한 존재로 턱없이 부족하다고 여긴다. 왜 그럴까.

과도한 경쟁이나 성과 위주의 사회에서 뒤처지는 자신을 발견하면 자신도 모르게 자존감이 떨어진다. 앞서가는 사람의 발자국만 보고 뒤따라가지만, 결코 따라잡을 수 없다는 사실에 좌절감은 커진다. 사회에 나와 보니 모두 달리고 있는데 달리기를 잘하지 못하는 자신은 도태될 수밖에 없다고 느껴 뛰는 것 자체를 외면한다. 해봤자 안 되는데 굳이 해내야 하는지 의문에 휩싸여 '나는 못난이'로 스스로 전락한다. 특히 자본주의 사회에서 경쟁력의 수단이 되는 '돈'의 문제에서는 자신이 한없이 작은 사람이 되고 만다. 결코 아니 될 말이다. 재벌이 아닌 이상 현재 자신이 가진 돈에 만족하는 사람은 없기 때문이다.

상대적 결핍에 허덕일 수밖에 없는 현실이다. 개인 SNS에 자신을 과시하고 홍보하는 사람들을 보면서 자신의 처지를 한탄한다. 여유가 없고, 경제력이 뒷받침 안 되고, 외모나 환경이 열악해 따라갈 수 없는 사실을 보면서 스스로 자기 삶을 비참하게 생각한다. 그렇다고 관계를 단절하자니 자신만 소외당할 것 같다. 이러지도 저러지도 못하는 상황에서 자신의 존엄성이 뭉개지는 것을 경험한다. 하지만 하나하나 따져보면 자신의 자존감(존엄성)을 뭉개는 건 바로 자신이다. 남과 비교하면서 자기 존엄성을 깎아 먹는 것이다.

자신이 지금 무엇에 집중하고 있느냐에 따라 자신의 '존엄성'은 달라진다. 모든 인간에게 평등하게 부여된 그 존엄성을 의심해서는 안 된다. 사회에서 더 잘나간다고 그의 존엄성이 높고, 학력이 높다고 그의 존엄성이 최고일 수는 없다. 그저 사람 대 사람으로 인권과 존엄성 면에서 아주 동등한 가치를 지녔다. 그러니 주눅 들지 말고 그들과 비교하지 말자.

너무나 많이 쓰는 말이지만 80억 지구 인구 중 당신은 단 한 사람이다. 그 누구와도 대체할 수 없는 존재이다. 현재 어느 위치에 있든, 어떤 상황에서 살아가든 당신의 존엄성은 세계에서 유일무이하다.

북극성처럼 불변하지 않는 것이 인간의 도리

옳고 그름은 상황에 따라 다를 수 있지만,
도덕적 원리는 변하지 않는다.

옳고 그름의 정의는 누가 내리는 것일까. 민형사상의 재판 과정을 보면 법이 잘잘못이 판가름하고 법이 죗값을 집행한다. 서로 가해자가 저지른 범죄의 심각성, 죄질의 정도를 판단하는 기준이 다르기에 형량의 무게를 놓고 어떤 사람은 처벌이 과하다, 어떤 사람은 처벌이 너무 약하다 둘로 나뉘어 공방을 펼쳐지기도 한다.

얼마 전, 가정폭력에 시달리던 아내가 남편을 살해한 사건이 있었다. 그런데 재판 과정에서 아내에게 집행유예가 선고되었다. 집행유예도 처벌에 해당하지만 사람을 죽인 형량치고는 너무 가벼웠다. 아마도 정당한 부분이 정상 참작된 것으로 보인다. 살인 자체는 '그름'의 전형성을 띠지만 이 상황에서는 정상을 참작, 즉 살인할 수밖에 없었다고 결론을 낸 것이다.

그뿐만이 아니다. 우리 주변에서 비일비재하게 일어나는 사건과 사고는 옳고 그름의 시시비비를 가리게 만든다. 하지만 어떤 죄든 그 엄중함을 칼로 무 자르듯 명확하게 판별할 수 없다. 가정 내에서 형제와 다퉜을 때, 부부 싸움이 일어났을 때, 집단에서 의견 충돌이 일어날 때 어느 한쪽이 옳고 다른 쪽이 그르다고 편을 들 수 없는 것과 같다. 물론 자신은 언제나 옳다(이건 어떤 경우나, 누구나 그렇다). 그러기에 강한 자기 의견을 주장할 수 있는 것 아닌가. 상대적 관점에는 틀릴지라도 자신은 옳다고 확신하는 것이니까.

칸트도 옳고 그름은 상황에 따라 다르다고 얘기한다. 이를 정치나 사회의 문제로 확대해서 본다면 자기 편향적인 면에서는 그른 것도 옳은 것이 될 수 있다. 하나의 정치적 이슈를 설문 조사했을 때 자신은 절대적 '찬성'이라고 생각하는데 '반대'의 비율이 생각보다 높게 나오는 결과를 목격했을 것이다. 실제 정치의 현장에서는 국회의원 당사자들조차도 정치적 입장에 따라 자기 주관을 바꾸는 일이 비일비재하다. 야당일 때는 절대 옳지 않다고 극구 반대하던 정책이 대통령이 바뀌고 여당이 되면서는 꼭 시행해야 할 정책으로 바뀌고 국민에게 옳은 일이라고 설득한다. 이렇게 옳고 그름을 손바닥 뒤집듯 바꿔버리는 처사에 국민은 어안이 벙벙하다.

시대나 문화에 따라 옳고 그름이 달라지기도 한다. 예전에는 절대적으로 옳았던 가치가 오늘날에는 사라져야 할 문화가 된다. 대표적으로 꼽으라면 '남아선호사상'이나 삼강오륜의 유교적 문화가 아닐까 싶다. 이런 문화는 오늘날 옳지 않은 '그른' 문화가 되어 이를 옳다고 주장하는 사람들이 지탄받는 현상이 벌어지고 있다. 그러니 옳고 그름에 '절대'적 기준은 없다.

그러나 양심의 도덕 원리는 변하지 않는다. 인간의 도리, 순수이성, 내면의 도덕법칙의 면에서 보면 절대적으로 옳음과 그름을 나눌 수 있다. 앞서 말한 남편을 살해한 아내의 도덕의 원리는 '그름'이다. 다른 사람의 생명을 해하는 일은 아무리 정당함을 주장해도 잘못된 일이다. 법에서 심판하지 못할 경우에도 죄책감이나 양심은 더 강력하게 자신을 옥죄일 수 있다. 그것이 바로 인간만이 느낄 수 있는 도덕 원리의 작용이다.

다른 사람에게 피해를 주는 행위, 기만하거나 무시하는 행위, 남을 이용하는 행위 등 인간으로서 절대 행하지 않아야 할 도덕적 원리는 시대가 변하고 문화가 달라도 불변한다. 북극성처럼 변함없이 그 자리를 지키며 시공간을 초월해 인간을 인간답게 한다. 여기서 어긋난 인간의 삶은 아름다울 수 없다.

다름을 '틀렸다'고 말하지 않는 시선

인간은 자유롭고 동등한 존재로서
존엄성을 가진다.

차별금지법은 우리 생활의 모든 영역에서 합리적인 이유가 없는 차별을 금지하는 법이다. 이 법의 범위는 정치나 경제, 사회, 문화 등 일상의 전반에서 일어나는 차별이다. 누구나 들었을 때 '인간은 자유롭고 동등한 존재'에 적용되는 이 법이 아직 입법되지 못하고 있다.

2007년 우리나라에서 처음 발의된 이래 출범하는 국회마다 발의되고 있지만, 현재까지 포괄적인 차별금지를 규정하는 법안은 통과한 적이 없다. 법안이 발의될 때마다 인식이 조금씩 개선되고 있지만 전반적인 차별금지법은 시간이 걸릴 듯하다.

성별, 인종, 나이, 장애, 외모, 출신지, 국적, 가족 형태, 성적 지향, 성 정체성, 학력, 종교 등 이렇게 많은 분류에서 우리의 차별적 시선이 꽂힌다. 하지만 차별적 시선이라고 해서 혐오나 미움, 증오, 조롱처럼 극단적인 꺼림만 해당하는 것은 아니다. 불편해하고 불쾌감을 드러내는 것, 회피나 동정의 시선, 무시나 폄하도 여기에 해당한다. 겉으로 드러내지 않고 속으로 품는 마음까지 포함된다면 모두 '차별'이라는 범주에서 벗어나기 힘들다. 어느 한쪽으로 기울어진 시각을 가지고 있는 것조차 그들의 존엄성을 해치는 것이 된다.

교육이나 인식의 전환으로 차별의 정도가 약해지기는 했지만, 말끔히 해소되지는 못했다. 간혹 TV 프로그램을 보면 차별당한 당사자들이 나와 사례를 들려줄 때가 있다. 그걸 보면 인간 대 인간의 관계라고 할 수 없을 정도의 폭언이나 따가운 시선, 편파적인 언행이나 불공정한 대우가 아직도 자행되고 있음을 알 수 있다. 여기에는 동등한 인격체라는 개념 자체가 파고들 틈이 없다.

당신이 두 발을 딛고 서 있는 현재, 우리 사회에 이런 일이 벌어지고 있는데, 아니 자신은 이런 차별적 시선을 가지고 있으면서 서양에서 동양인이 차별받는 상황에 분개한다. 자신과 관계된 혹은 주변인이 차별받았다고 하면 그 상대를 욕한다. 그럴 자격이 있는지 스스로 돌아봐야 한다.

생각보다 어려운 게 차별에 관한 문제, 인간 존엄성의 문제이다. 다름을 다르게 보지 않는 시선이 필요하다. 다름을 인정하라고 하지만 우리는 나와 다르다는 이유로 다른 시선으로 보지 않는가. 당신이 차별적 시선을 꽂는 그도 당신과 동등한 존재이다. 다양성은 살아있는 모든 것에게 있다. 다르지 않으면 사회는 유지되지 않고 돌아가지 않는다.

현재 차별받는 사람들의 시위나 투쟁을 조금 너그러운 시선으로 봐주자. 그만큼 그들은 절실하며 호소할 길이 막혀있을지 모른다. 일시적 관심과 단편적 조치로는 해결이 안 되는 문제를 껴안고 살며 힘들어 어찌할 수 없는 것이다. 예를 들이 개인적으로 나는, 휠체어를 탄 장애인이 시위하기 전에는 장애인 이동권 문제에 대해 생각해 본 적이 거의 없다. 그런데 그들의 시위로 그에 관해 생각해 볼 기회를 얻었다. 장애인이 아니기에 알 수 없었던 사회의 문제의식에 대해 한 사람의 인식을 전환하도록 이끌어 준 것이다. 그렇게 조금씩 사람들이 문제를 발견하고 개선해나간다면 우리 모두 자유롭고 인간으로 부여받은 존엄성을 모두 보호받지 않을까.

무엇에 감탄하고 어디를 바라볼 것인가

경이로움과 경외심으로 마음을 채우는 두 가지가 있다.
바로 저 위의 별이 총총한 하늘과 내 안에 있는 도덕률이다.

칸트는 쾨니히스베르크에서 태어나 오랫동안 이곳에 살다 묻혔다. 쾨니히스베르크는 칸트가 살던 시대에는 독일 땅이었지만 세계 2차대전으로 폐허가 되었다.

현재는 러시아 땅이고 지명도 칼리닌 그라드로 바뀌었다. 이곳에 칸트 섬이 복원되어 쾨니히스베르크의 옛 모습을 재현해 놓았다. 섬에 가면 붉은 벽돌의 탑이 있는 대성당이 보이고 성당 뒤쪽으로 돌아가면 임마누엘 칸트의 무덤이 있다. 단조로운 석관으로 세모꼴의 긴 지붕을 이고 있는 형태이다. 성당 벽에는 '임마누엘 칸트'라는 표식도 있다. 13개의 기둥이 회색 화강암의 묘비를 둘러싸고 호위하고 있다.

평생 독신으로 살았던 칸트는 커피와 담배를 즐겼다. 칸트는 1804년 2월 12일 80세의 나이로 숨을 거두면서 "그것으로 좋다Es ist gut."라고 말했는데 이 말의 의미를 두고 여러 해석이 많다. 하나는 숨을 거두기 직전 포도주가 섞인 물을 마셨는데 그것이 좋았던 것이라고 하는 쪽과, 다른 하나는 죽음을 예견한 칸트가 자기 삶에 대한 만족을 나타냈다는 쪽으로 나뉜다.

어떤 의미이든 죽음을 목전에 둔 칸트가 만족스럽게 눈을 감았다는 걸 알 수 있다. 그리고 200년이 지난 지금까지도 그의 철학과 저서는 현대 사람들에게 많은 영향을 끼치고 있다.

그런 의미에서 칸트의 묘비에 쓰여 있는 문구를 다시 한번 살펴보자. 묘비에는 "경이로움과 경외심으로 마음을 채우는 두 가지가 있다. 바로 저 위의 별이 총총한 하늘과 내 안에 있는 도덕률이다."라고 씌어 있다. 먼저 별이 총총한 하늘에 경이로움을 느끼는 것을 보면 칸트의 시선이 어디를 향해 있는지 알 수 있다. 지구를 품고 있는 우주에서 단 한 사람의 존재 의미는 어떤 가치를 지닐까. 별을 바라보며 유한한 자기 삶을 견주어보고 생각에 잠겼을 칸트가 그려진다. 자연에서 경이로움을 느끼는 자는 교만하거나 오만한 삶을 살 수 없는 겸허한 자이다. 우리가 물 한 방울 주지 않는데도 꽃을 피워내는 풀 한 포기를 보자. 그 생명력은 경이로움 그 자체이다. 이를 느끼고 감상할 줄 아는 칸트는 평생 철학에 심취해 있었지만, 심성이 따뜻할 것이라는 생각을 해 본다.

자기 안에 있는 도덕률은 어떤 이유로 경이롭다고 했을까. 정직하고 바른 삶을 살았다는 의미인가. 그것보다는 그 도덕법칙, 순수이성이 자신을 인간답게 만들었다고 자부하는 것 아닐까 싶다. 이는 자신이 애쓰고 노력하지 않았음에도 인간으로서 삶을 가치 있게 꾸려가도록 이끌기 때문이다.

철학적 이론을 충분히 겸비하고도 오랜 시간 정식 교수직을 맡지 못했던 그였다. 그런데도 자기 삶을 고결하게 이끌 방법을 고민하고 어떻게 살 것인가, 어떻게 해야 더 나은 세상이 만들어지는가에 집중했다. 내면의 도덕률을 탐구하고 자신이 실천해야 할 바른 가치라고 여긴 것이다.

시대와 문화가 빠르게 변하는 요즘, 사회에 소모되고 소비되는 개인이 아니라 한 인간으로 남을 진정한 '나다움'을 찾아 나서야 할 때이다.

내면의 흔들림이 심할수록 자기 안의 천사에 의지하라

> 우리의 의무는 항상 법칙과 도덕에 따라야 하며,
> 감정에 의존해서는 안 된다.

칸트는 인간의 행동 동기나 의무감을 중시했다. 행동의 결과보다 동기가 중요하다는 것이다. 이러한 칸트의 의무론을 일화로 쉽게 알아보자.

트롤리(전차와 비슷한 용도로 선로 위를 달리는 객차)가 승객을 태우고 달리고 있다. 그런데 갑자기 브레이크가 고장 나 멈출 수 없게 되었다. 설상가상, 선로 위에는 다섯 명의 인부가 공사 중이라는 연락이 왔다. 운전사는 당황했고 무슨 방법을 찾아야 했다. 당신은 이 상황을 선로 위 다리에서 지켜보고 있다. 그런데 다리에는 한 뚱뚱한 남자가 난간에 기대 서 있다. 만약 당신이 그 사람을 밀어버리면 트롤리는 선로 위에 멈추게 되고 다섯 명의 인부를 구할 수 있다. 이 상황에서 당신은 어떤 선택을 하겠는가.

고민할 수밖에 없는 지점이다. 한 사람의 희생으로 여러 사람을 구할 것인가, 한 사람의 죽음이 여러 사람을 살리더라도 내 손으로 직접 사람을 죽일 수는 없는가.

이러한 질문을 던졌을 때 다수의 사람이 "다수를 구한다는 목적으로 죄 없는 사람을 밀어버릴 수는 없다."라고 답했다. 한 명의 인간으로서 "살인하지 않겠다."라는 윤리적 의무감이 발휘되기 때문이다. 바로 이 생각, 이 결정과 판단이 칸트의 의무론이다. 자기 행동의 도덕성을 다른 무엇보다 중시하는 것이다. 그러나 이 지점은 '최대 다수의 최대 행복'이라는 벤담의 '공리주의'와 맞서 현재까지 논쟁으로 이어진다. 어느 것이 옳은가는 하나로 단정하기 어렵다. 그러기에 여기서는 개인의 몫으로 남겨 두려 한다. 다만 칸트는 개인의 윤리와 도덕이 모든 행동의 근간이 되어야 함을 강조했다는 점을 상기하자.

이는 김대중 대통령의 '행동하는 양심'과 맥이 통한다.

"'행동하는 양심'이 되십시오. 우리의 마음속에는 '남을 나와 똑같이 사랑하는 천사'가 있고, '나만 생각하며 남을 해코지하고자 하는 악마'가 공존하고 있습니다. 그러나 우리 노력 여하에 따라서는 천사가 이기기도 하고 악마가 이기기도 합니다. [중략] 천사에 치중하는 사람은 높은 자리에 올랐든 오르지 못했든, 부자가 되었든 못 되었든, 오래 살았든 못 살았든, 인생의 삶에 성공한 사람이 될 것입니다."

김대중 대통령이 말한 자기 안의 천사가 바로 칸트가 말하는 자기 내면의 도덕이자 법칙이다. 그러므로 자신의 양심이 이끄는 행동은 의무적으로 시행되어야 한다. 의무는 기필코 수행해야 하는 철칙이다. 선택의 문제가 아니라는 말이다.

칸트는 감정에 휩쓸리는 행동에 경고했다. 감정은 인간에게 중요한 요소이기는 하나 매우 주관적이며 기분에 따라 좌우될 수 있는 성향을 가지고 있다. 그로 인해 행동을 감정에 의존하면 같은 상황에서 일관성을 유지하기 어렵다. '예쁘다'라는 기준도 기분에 따라 다르게 들린다는 것을 경험했을 것이다. 소소하게는 순간 기분에 따라 공공의 질서를 무시하거나 훼손하게 된다. 이는 윤리적, 이성적으로는 안 된다는 것을 알지만 불편을 감수하기 싫은 마음이나 고조된 감정으로 인한 행동이다. 이때 자신도 모르게 다른 누군가에게는 피해를 주게 된다.

감정은 한마디의 말이나 하나의 행동으로 극과 극으로 좌우될 수 있다. 주위 환경에도 영향을 받는다. 이렇게 변화무쌍한 감정에 의지해서는 안 된다. 이에 따라 행동도 종잡을 수 없게 된다. 자신의 기분에 따른 행동은 주변 사람에게도 영향을 미치기에 더욱 조심해야 한다.

자신의 윤리기준이 바탕이 된 행동하는 양심으로 살아간다면 더 빛나는 인생이 될 것이다.

자신의 믿음을 의심하고 눈과 귀를 열어라

> 우리는 믿음에 의존하는 것보다 이해에 의존해야 한다.

자신이 '고집스런 사람'이라고 불린다면 좋아하는 사람이 몇이나 있을까. 아마 한 명도 없을 것이다. 오히려 그렇게 부른 사람에게 버럭 화를 내거나 자신의 어떤 면에서 고집스러운지 따지고 들지 않을까. '고집'이라는 말은 자기 의견을 바꾸거나 고치지 않고 굳게 버티는 바람에 소통이 되지 않을 때 사용되기 때문이다.

비슷한 말을 국어사전에서 찾아보면 오기나 억지, 아집, 심술, 고집통 같은 말들이 나오는 걸 보면 완전히 틀린 해석도 아니다. 이 단어들은 모두 자기중심의 좁은 생각에 집착해 다른 사람의 의견을 수용하거나 고려하지 않고 자기 의견이나 주장이 관철되기만을 원한다는 뜻을 내포하고 있다. 고집이 있는 사람은 양보를 모르고 대화나 타협에서도 절대 물러서지 않고 버틴다. 그로 인해 그들은 집단에서 소외되고 외면당한다.

그렇다면 그들은 왜 고집을 부릴까. 그것은 잘못된 믿음 때문이다. 자기가 알고 있는 것이 맞다는 확신에서 나오는 자신감이다. 너무나 완고한 믿음으로 그것 외 다른 것은 모두 틀리거나 잘못된 것이라 믿는다. 누군가는 자신과 다른 각도에서 보고 다른 의견이 있다는 것을 인정하지 못하며 정답은 오로지 자신이 알고 있는 사실이라고 생각한다. 그러기에 시간이 흐르고 문화가 발전해도 이를 적용하지 못하고 자기가 알고 있는 정보만 믿고 의존한다.

안타깝게도 이러한 믿음은 자칫 한쪽으로 치우쳐 있거나, 오래되어 시대에 맞지 않거나, 편견에 사로잡혀 있을 때가 많다. 합리적이고 이성적인 생각이 빠지고 자기가 알고 있는 사실의 차원에서 비슷한 정보만 받아들인다. 더욱 큰 문제는 자신이 받아들이는 정보들이 사실인지, 어느 부분에서 오류가 있는지 점검해보지 않는다는 것이다.

이렇게 잘못된 믿음에 고집부리는 사람이 리더가 된다면 그 집단은 혼란에 빠진다. 당연히 갈등은 유발되고 분열로 이탈자가 생긴다. 그런데도 자신은 아무 문제가 없다고 주장한다. 자기 믿음과 고집에 무슨 문제가 있는지 생각하지 않고 힘과 권력, 권위로 반대 세력을 제압하려 든다. 그래서 독재적 리더가 되어버린다.

칸트는 믿음보다 '이해'를 강조한다. 이해는 사리를 분별하고 이치에 맞게 해석하는 것이다. 사정을 헤아리고 문제를 직시하며 자신의 믿음과 대조해 본다. 자기 믿음을 점검해보고 어떤 오해나 착오가 있는지 확인한다. 그리고 자기 믿음을 수정해 나가면서 변화한다. 사유의 혼란이나 감정적인 동기 때문에 논리적 규칙을 소홀히 하지 않으려고 노력한다. 혹시나 저지르게 되는 바르지 못한 추리를 바로 잡아가는 것이다.

올바른 정보를 빠르게 받아들이려고 노력하기에 배경 지식이 넓음에도 끊임없이 공부해야 한다. 이해는 하나만 알아서 되는 것이 아니라는 사실을 잘 알기 때문이다. 하나의 사건에서 파생되는 여러 문제를 심도 있게 이해하려면 다른 이들의 말에 귀를 기울여야 함도 안다. 그러기에 언제나 상대의 의견을 경청하고 정확한 이해를 위해 질문한다. 그로 인해 이들은 소통의 귀재, 변화의 아이콘이 된다.

세상을 어떤 존재로 살아갈 것인가 하는 문제는 우리의 현실적인 고민이다. 돌멩이처럼 단단히 굳은 잘못된 믿음에 의존하지 말자. 다양성을 바탕으로 수용하는 자세가 필요하다. 뿌리가 양분을 흡수하듯 타인과 사회의 현상을 이해하고 받아들이는 자세에 의존하자. 이것이 더 넓게 세상을 사는 길이다.

제3장

자신을 위하여

I was happy to meet Kant today

세상은 자신을 중심으로 돌아간다.
'나'가 없는 사회, 집단, 국가는 존재할 수 없다.
사회 구성원 중 가장 중요한 사람은 바로 '나'이다.
그런데도 우리는 '나'를 인정하지 않고 타인에게 혹은
사회에 시선을 두고 있다. 지금, '나'는
어떻게 살아야 하는가? 하고 고민할 때다.

새장을 벗어나
창공을 향한 자유의 날갯짓

자유는 스스로 자신을 자유의 몸으로
이끌어 나아갈 만한 사람에게 깃든다.

자유의 갈망은 끝이 없다. 누구나 '자유'를 꿈꾸고 더 많은 자유를 누리길 원한다. 제약된 시간과 일, 경제력에서는 누구나 더 자유로움을 얻고 싶어 한다. 자유는 근심 걱정으로부터 해방이라는 의미로 이해되기도 하기 때문이다.

시간이 자유롭다면 여행도 가고 늦잠도 자고 게으름도 피워보며 시간을 자기 마음대로 사용하고 싶다. 일에서도 마찬가지다. 그 누구의 통제도 받지 않고 오롯이 혼자만의 시간을 갖고 싶은 바람이다. 쫓기지 않으면서 즐기듯 주어진 일을 하고 싶은 건 욕심일까. 우리를 옥죄는 돈은 어떤가. 원 없이 쓰면서 경제적 자유를 만끽하고 싶다. 어떤 사람은 가격표 안 보고, 가격 비교 안 하고 물건 사는 게 꿈이라고 한다. 생각만으로도 기분이 좋아지면서 사고 싶은 것들이 눈에 어른거린다. 이렇게 '자유'는 우리에게 희열을 준다. 배시시 웃게 웃음 나게 만드는 힘을 가진 단어다.

그러나 오해하지 말자. '자유'란 '내 마음대로 하는 것', '내 마음대로 할 수 있는 것'이 아니라고 칸트가 분명히 말한다. 그건 방종이다.

자유에는 그만큼 책임이 따르는데, 그 책임을 감당할 수 있는 사람이 자유를 누릴 권리를 가진다. 자유에 책임지지 못하는 사람은 관계에서 갈등을 부르고 사회적 분열의 원인을 제공한다. 개인의 자유가 사회적 혼란을 초래하게 되는 것이다. 사회의 사건 사고를 보면 다른 사람을 배려하지 않고 피해를 주면서 자신의 자유권을 행사한다. 우리는 이런 사람들을 버스, 지하철, 공원, 심지어 병원에서도 자주 마주치게 된다. 눈살이 찌푸려지지만 일갈할 순 없고 우리는 고개를 돌려버린다. 그의 자유를 침해할 생각은 없지만, 자신의 자유만 주장하는 사람에게 불편하기 때문이다.

자유론의 아버지인 존 스튜어트 밀 또한 "남에게 손해를 끼치지 않는 선에서 표현과 사생활의 자유가 그 무엇보다 중요하다, 그러한 자유는 대중의 여론보다 중요하다."라고 말했다. 우리 사회에서 사람과 사람의 관계나 조직과 개인의 관계에서 자유와 책임이 부딪히며 균열이 야기될 여지가 많다. 이때 무엇이 우선되어야 할지 판단해야 한다. 자기 행복을 위한 '자유'의 결정이지만 개인이 사회에 속한다는 진리까지 묵과해서는 안 된다.

칸트가 말하는 '자신을 자유의 몸으로 이끌어 나갈 만한 사람'도 책임감 있는 사람이다. 이런 사람은 절대로 다른 사람이나 집단, 사회에 피해를 주지 않는다. 자유롭게 소신껏 행동하더라도 자기 '책임'을 다하며 신뢰할 수 있는 사람으로 인정받는다. 그로 인해 그는 더 자유로워질 수 있다. 그런 자유, 경험해 보자. 마음에 자유로움이 깃들어 일생이 즐거워진다.

실수도, 실패 앞에서도 서슴지 않는 당찬 발걸음

> 한 가지 뜻을 세우고 그 길로 가라. 잘못도 있으리라. 실패도 있으리라.
> 그러나 다시 일어나 앞으로 나아가라. 반드시 빛이 그대를 맞이할 것이다.

우리는 꿈이 있다. 각자 마음에 소망 하나쯤 품고 산다. 승진, 부자, 재물, 권위, 명예, 성취, 인기, 인정 등 그 꿈의 종류도 개인의 상황이나 삶의 방향성에 따라 모두 다르다. 높이도 다르고 깊이도 다르고 넓이도 다르다. 각자 다르게 설정된 꿈일지라도 공통점이 있다면 이 꿈을 향해 전진한다. 자기 역량껏 자신의 꿈을 키우고 가꿔나가는 것이다. 그리고 꿈을 이룬 모습을 상상한다. 지그시 웃으면서.

꿈의 가치는 그 어떤 것으로도 측량할 수 없다. 자신의 일생을 바쳐서 이루고자 하는 '그 무엇'이기에 상대적 관점에서 평가할 것도 못 된다. 어떤 수단으로 어떻게 이루어갈지 선택하는 것도 오롯이 자신의 몫이다. 다만, 꿈을 이루어가는 길이 순탄치 않다는 것만은 알아야 한다. 앞이 안 보이는 굽이진 길을 걸을 때도 있고, 경사가 가파른 오르막길을 끝없이 기어서 올라야 할 때도 있다. 돌덩이 박힌 움푹진푹한 길에서 넘어질 수도 있고, 안개가 자욱한 길에서 어디로 가야 할지 몰라 두리번거리게 될 수도 있다. 소나기를 맞아야 할 때도 있고 폭설에 갇혀 버릴 때도 있을 것이다. 이런 상황에서 당신은 어떻게 할 것인가. 뒤돌아 뛰는 게 현명한가. 그 자리에서 주저앉아 '내 힘으로는 안 돼.' 하고 자포자기할 것인가. 어쩌면 구원자를 기다리거나, 도와줄 사람을 애타게 부르다 목이 쉬어버려 그마저도 포기하려 들지는 않는가.

혹시 그런 사람이 주변에 있더라도 함부로 손가락질할 수 없다. 그도 나름대로 최선을 다했을 거다. 어쩌면 죽을힘을 다해 달렸을지 모른다. 그런데도 그 결과가 원하는 대로 이루어지지 않았을 뿐이다. 힘들게 살아낸 그에게 먼저 경의를 표해야 한다. 그후 자신은 어떻게 이 문제를 극복하고 원하는 방향으로 삶을 살아갈 것인지 고민해야 한다.

용기와 도전의 정신으로 자신이 세운 뜻을 향해 나아가야 한다. 계속 걷다 보면 그 여정 중에 흔들리고 좌절하고 넘어지게 된다.

생각대로 쭉쭉 나아갈 수 없는 게 현실이다. 여기에 더 큰 문제는 '자기 확신'까지 잃는다는 것이다. 그래서 걷는 중에 자꾸 이 길이 맞는지 의심한다. 작은 난관에 부딪히면 겁을 내고 뒤로 물러선다. '아무래도 이 길은 내가 갈 길이 아닌가 봐.'라고 혼잣말을 중얼거린다. 그리고 얼마만큼을 걸어왔든 그 자리에 주저앉는다. 그도 아니면 미련 없이 돌아선다. 어려움을 이겨내고 임계점을 넘어야겠다는 의지는 사그라든 지 오래다.

그러나 꼭 기억해야 한다. 자신이 세운 뜻은 분명 자기 의지에서 발현된 것이다. 주위에서 권해서 정한 뜻일 수 있겠지만, 최종 선택은 자신의 몫이 아니었던가. 그 길로 가기 싫었다면 끝까지 거부했어야 한다. 그러니 누구 핑계 댈 필요도 이유도 없다. 자신의 결정이므로 시작하기 전에 철저하게 계획을 세우고 준비해야 한다. 대충 남들이 꾸는 꿈이나 나도 따라 한다거나, 다들 선망하니 나도 해봐야겠다는 생각은 일찌감치 접어야 한다. 이런 생각들은 끝까지 매달리게 하지 못한다. 집중하려는 마음과 투지를 꺾어버린다. 자기 뜻이 아니라 남을 흉내 내며 세운 꿈이기 때문이다. 어려움 앞에서 포기하고 싶거나 어느 시점에서 왜 이 뜻을 세웠는지 의구심이 든다면 하던 일을 멈추고 자기가 세운 뜻을 점검해보자. 진정으로 자신이 가고 싶은 길을 가고 있는지, 이 길의 끝에 이르렀을 때 자신이 바라는 것은 무엇인지, 그리고 그것을 위해 자신은 열정을 다하고 있는지 스스로 묻고 대답해야 한다.

자기 뜻을 펼쳐나갈 때 언제나 순항하면 좋겠지만 단연코 그럴 수만은 없다. 세상이 그렇게 놔두지 않는다. 잘못이나 실패가 살짝 스치기도 하고 어느 때 자신을 강타하며 바로 설 수 없게 만든다. 그때를 위해 미리 마음의 각오를 다지고 출발하면 좋다. 물러서거나 단념하지 않겠다는 의지로 자기 길을 가야 한다.

"잘못도 있으리라, 실패도 있으리라."

칸트가 예언한 바로 그 순간이라고 깨닫고 가던 걸음을 멈추지 말자. 단단히 각오하고 철저히 준비해야 한다. 기분대로, 원하는 만큼 살아지기에는 만만하지 않은 세상이라는 거 모두 알지 않는가.

단언컨대, 끝까지 나아가는 사람이 빛을 보게 된다.

나를 평가할 수 있는 사람은 아무도 없다

> 자신을 벌레로 만드는 사람은
> 나중에 사람들이 밟아도 불평할 수 없다.

'스스로 벌레로 만드는 일'은 여러 관점에서 짚어볼 수 있다.

먼저 욕심의 문제이다. 자신에게 맞지 않는 과욕은 자신을 벌레로 만든다. 욕심이 나는 대상에 시선이 꽂혀 주변의 상황을 보지 못하고 목표에만 집중하게 되기 때문이다. 욕심이 눈과 마음을 조종하며 다른 생각이 끼어들지 못하도록 여유를 주지 않는다. 오로지 그 대상을 향해 달리며 자신을 불태우도록 이끈다. 그로 인해 자기 삶이 얼마나 황폐해지고 있는지 인식하지 못한다.

여기서 열심히 최선을 다해 살았지만, 벌레가 되어 버린 주인공 이야기가 담긴 카프카의 <변신>을 보자. 주인공 그레고르는 외판원으로 성실한 삶을 살았다. 가족의 생계를 책임지며 자기 삶을 충실히 산다고 자부했다. 하지만 어느 날 아침, 흉측한 벌레로 변하고 직장 상사와 가족들은 그를 혐오한다. 이따금 여동생이 먹을 것을 주기 위해 방문할 뿐이다. 나중엔 그마저도 끊기고 철저히 가족들로부터 철저하게 소외당한다.

가족은 생계를 위해 집에 하숙인을 들인다. 그러나 그레고르 때문에 하숙인들이 나가 버리자 가족과 갈등의 골은 더욱 깊어진다. 날이 갈수록 자괴감과 불면으로 고통받던 그레고르는 아버지가 던진 사과에 맞아 죽고 만다. 가족들은 골칫거리가 없어져 다행스럽다며 평온을 되찾는다.

이 작품은 현대인의 내면 불안과 소외를 보여주고 있지만 그레고르의 삶은 자신이 생각하지 못한 방향으로 흘러버렸다. 가족을 위해 부양의 책임을 다하던 목표 지향적인 삶이 자아를 파멸로 몰고 갔다.

일하면서 성취감이나 보람을 느껴보지 못하고 오로지 성과, 돈, 명예만을 추구한 나머지 진정한 삶의 가치를 얻지 못한 것이다. 성실히 노력하고 애써 가족을 부양했음에도 결국 '자신'이 어떤 존재인지 잃어버렸다. 가족 안에서 자신의 위치를 확보하지 못하고 생계를 책임지는 수단으로 이용되었을 뿐이다.

그의 강한 책임감은 스스로 자신을 돌보지 못하고 맡은 일에 최선을 다하도록 밀어붙였다. 어떻게 하면 더 인간답게 살 수 있을지 고민할 시간을 갖지 못했다. 가족의 생계를 책임진 자로서 어쩔 수 없는 선택이었노라고 항변하겠지만 그것이 결국 자신을 파멸로 몰고 가는 길이었음을 몰랐다. 그 결과는 어떤가. 자신의 희생으로 먹고살았던 가족에게조차 인정받지 못하고 가족에 의해 죽음에 이르는 안타까운 결과를 맞았다.

이 작품에 '나'를 대입시키고 자신이 목적하는 '대상'과 연관지어 생각해 보자. 지금의 '나'의 위치는 어디쯤이며 '나'의 존재는 어떻게 인식되고 있는가. 나와 관련된 관계에서 겸손을 내세워 상대적으로 낮아지고 있지는 않은지, 자신의 신택권조차 상대에게 넘겨준 것은 아닌지, 자기가 원하는 삶을 살고 있는지, 타인의 시선에 자신을 가두고 사는 건 아닌지, 자신과 타인을 비교하며 상대적 박탈감에 빠져 허우적거리고 있는 건 아닌지. 이 모든 상황이 스스로 벌레가 되어가는 과정에서 일어난다.

그러나 자신은 욕심과 목표에 갇혀 이를 인식하지 못한다. 오직 완성되지 않은, 이루지 못한 혹은 채워지지 않은 것에 시선을 두고 있기 때문이다. 그 결과는 불 보듯 뻔하다. 자기 인생에서 '나'가 빠진 삶을 꾸려가게 된다. 눈을 뜨자마자 먹이만 찾고 갉아대는 나날이 되어 버린다. 만약 아제껏 자신을 돌아보지 못했다면 칸트의 말을 기억하자.

스스로 벌레가 되어 현재를 살아간다면 아무리 고개를 빳빳이 들어도 봐주지 않는다. 벌레의 소리에 귀 기울여주는 사람은 없다. 그러니 당당해지자. 어떤 위치에 있든 자기 역할에 자부심을 느끼고 자기 생각에 자신감을 가지자. 누구도 자신을 대변해 주지 않고 대신해 주지 않음을 알자. 어차피 태어난 인생, 누군가에게 밟혀 죽을 수는 없지 않은가.

심성은 자기 마음대로 기를 수 있는 화초가 아니다

> 동물에게 잔인한 사람은 사람을 대할 때도 강퍅해진다.
> 동물을 대하는 태도로 사람의 마음을 판단할 수 있다.

칸트의 이 말은 "상대를 알려면 그 사람이 동물을 대하는 태도를 보라."는 의미로 해석된다. 동물을 대하는 태도에서 그가 어떤 방식으로 생명을 존중하는지 드러난다는 뜻이다. 말하지 못하는 동물이고 소통이 자유롭지 못하고 인간보다 열등하지만 살아 활동하며 자기만의 생활 방식을 가진 동물을 대하는 관점을 보면 그가 얼마나 인간을 존중하는지 알 수 있다는 것이다.

1970년 프린스턴대학의 피터 싱어에 의해 주창된 동물권動物權, animal rights은 비인간 동물 역시 인간과 같이 인권에 비견되는 생명권을 지니며 고통을 피하고 학대받지 않을 권리가 있음을 법적으로 보장하는 것이다. 동물이 돈의 가치로, 음식으로, 옷의 재료로, 실험 도구로, 더 나아가 오락을 위한 수단으로 쓰여서는 안 되며, 지구상에 존재하는 하나의 개체로서 받아들여져야 한다는 견해이다.

우리나라 반려동물의 수는 급속도로 늘고 있다. 'KB금융 지주 경영연구소'의 '2023년 한국 반려동물 보고서'에 따르면 국내 반려가구는 지난해 말 기준 550만 가구를 넘어섰고, 반려인 또한 천만명을 훌쩍 넘어섰다. 그로 인해 반려동물 시장이 15조에 이른다고 분석했다. 반려동물의 건강관리, 양육 관련 용품이나 도구, 교육관련 프로그램 등 다양한 산업들이 확장되고 있는 현실이다.

반면, 유기 동물이 늘고 있어 사회문제로 대두되고 있다. 2019년을 기준으로 1년간 전국에서 구조 및 보호 조치 된 유실·유기 동물은 13만 마리가 넘는다. 매년 1~2만 마리씩 증가하는 추세라고 한다. 여기에 더해 동물 학대 신고도 늘고 있고 동물에 대한 무차별한 폭행 영상이 뉴스나 언론에 종종 나온다. 인간보다 여리고 저항력이 약한 동물을 괴롭히며 가학적 폭력을 행사하는 것이다.

그들이 동물을 학대하는 이유로 드는 것을 보면 '시끄럽다, 분풀이할 대상이 필요했다, 주인 없는 동물이다, 쓰레기봉투를 헤집어 주위를 더럽혔다, 키울 능력이 없었다' 등 황당하고 터무니없다. 이런 사람들의 마음에는 기본적으로 생명을 존중하는 마음이 없다. 동물의 아픔과 고통에 공감하지 못하고 자신이 동물보다 낫다는 우월의식만 존재할 뿐이다.

이러한 의식을 가진 사람은 사람에게도 똑같이 대한다. 약자를 존중할 줄 모르고 그들의 고통을 외면한다. 자기 생각에 반하는 행동을 하거나, 자신이 피해를 보았다고 판단되거나, 무시당했다고 여겨지면 가차 없이 상대에게 해를 가한다. 그 방법도 잔인하고 난폭하다. 그로 인해 피해자는 속수무책 당해야 하고 주변 사람들까지 위협당하기도 한다.

이들은 상대보다 자신이 우월하다고 여기기 때문에 대화로 문제를 해결하려 들지 않는다. 무조건 자신이 맞고 상대가 틀린 것이다. 지시하고 명령하고 지적하고 부당한 요구도 아무렇지 않게 한다. 그리고 자기 기분에 따라 이용하려 든다. 우리가 일생 만나지 말아야 할 사람 중 한 명이지 않을까. 동물을 대하는 마음에서 그 사람의 따뜻함을 볼 수 있기를 바란다.

‘해야만 하는 일’은 곧 내가 반드시 ‘할 수 있는 일’

> 나는 항상 내가 해야 할 일은 할 수 있다고 말할 수 있다.

욕망과 현실 사이의 갈등은 끝이 없다. 소망 충족의 심리는 나이와 성별의 관계없이 누구에게나 작용한다. 자신에게 부족하거나 가지지 못한 것에 집착하는 실현 불가능한 욕망일수록 더 강한 집념을 보이며 그것이 이루어져야만 자신이 행복할 수 있다고 생각한다. 그 결과 욕망에 맞춰 자기 행동과 생각을 조정하기에 이른다. 부자가 되고 싶다면 돈을 더 많이 주는 일, 더 많은 돈을 벌 수 있는 일을 찾고 재테크나 돈 관리에 관심을 둔다. 아름다운 몸을 가지고 싶다면 운동을 취미로 삼고 과도한 성형수술이나 시술도 마다하지 않는다. 그리고 지적 욕구를 위해서는 책을 읽고 공부하며 배울 수 있는 곳을 찾아다닐 것이다. 그만큼 욕망은 자신을 움직이게 한다.

현실적으로 불가능한 욕구, 과분한 욕구를 원하는 사람도 많다. 그들은 "올라가지 못할 나무는 쳐다보지도 마라."는 속담을 무시하며 "꿈은 이루어진다."라고 구호를 외치며 도전한다. 나쁜 일은 아니다. 자신의 역량이 최대한 발휘되면 실현 가능성은 커지고 운이 따르고 하늘까지 도와 입지적 인물로 거듭날 수도 있다. 그에 따른 자신의 노력이 절대적으로 필요하다. 요행을 바라거나 비도덕적, 비윤리적 방법을 사용해서는 안 된다. 남들보다 빠른 길, 지름길은 없다.

자신의 욕구가 더 빨리 월등하게 충족된다고 행복이 저절로 찾아오는 건 아니다. 욕구의 충족보나 자신의 가치를 실현하며 얻는 행복이 더 큰 가치를 지닌다. 자신이 할 수 있는 범위 안에서 할 수 있는 일에 최선을 다할 때 보람과 행복이 깃든다.

칸트는 《실천이성비판》에서 인간은 자유의지를 발현시킬 도덕법칙을 가지고 있다고 했다. 그는 인간만이 옳은 일을 위해 자기 욕구를 제어하고 희생할 수 있으며 남을 위해 자신의 것을 기꺼이 내어줄 수 있다고 보았다. 자기 욕구 충족을 뒤로 미루더라도 상황에 따라 양보하고 배려할 수 있다는 것이다. 만약 배가 고플 때 빵 한 조각을 가졌다면 자기 입에 몰아넣는다. 하지만 옆에 배고픈 아이가 있다면 그 빵을 내어줄 수 있다. 자신의 욕구 충족을 미루며 자신의 도덕법칙을 수행하는 것이다.

이렇게 개인의 도덕법칙이 활발하게 작동되는 사회에서는 저절로 질서가 유지되며 구성원 모두가 보편적 행복을 누릴 수 있다. 우리의 이성이 바람직한 행동을 원하고 강제 받지 않아도 어떠한 상황에서 어떻게 해야 더불어 행복하게 살 수 있는지 스스로 판단한다. 바로 이것이 자신이 할 수 있는 일, 해야만 하는 일이 된다.

자기 안의 도덕법칙을 수행하는 것은 단순한 '욕구'의 충족이 아니다. 우리 사회에서 '단 한 명의 인간'으로 바로 설 수 있는 숭고함의 실현이다. 물론 그 가치를 자신의 욕구로 삼는 사람도 있다. 슈바이처나 나이팅게일 같은 위인들이 그렇겠다. 그들만큼 인류애를 발휘할 수는 없더라도 자기 삶에서 소소하게 도덕법칙을 실현해 가면 된다. 자신이 속한 사회와 이웃에게 자기 가치를 전달하는 일이기도 하다.

소소한 감사를 잊는 행위가 곧 사악함이다

> 배은망덕은 사악함의 본질이다.

이 칸트의 명언은 누구나 의미를 알 수 있는 말이므로 가볍게 우화로 시작해보려 한다.

어느 날, 여우 한 마리가 숲속을 걷고 있었다. 가을에서 겨울로 넘어가는 시기라 바람이 제법 쌀쌀했다. 동물 친구들도 추운 날씨라 그런지 아무도 모습을 드러내지 않았다. 여우도 서둘러 굴로 들어가야겠다고 생각하고 발걸음을 재촉했다. 그런데 어디선가 "어흥!" 하고 거친 울음소리가 들렸다. 울음소리의 주인공이 호랑이임을 알아차린 여우는 뒤도 돌아보지 않고 뛰려고 했다.

그때 다시 "어흥! 어흥!" 하는 울음소리가 들렸다. 분명 도와달라는 소리였다. 여우는 슬금슬금 소리 나는 쪽으로 다가갔다. 아니나 다를까. 호랑이가 깊은 구덩이에 빠져 벽을 긁어대며 살려달라고 소리치고 있었다. 호랑이는 구덩이 안을 굽어보는 여우를 보더니 더욱 간절하게 허우적거렸다.

여우는 날마다 자기 목숨을 위협하는 호랑이지만 그대로 두면 사냥꾼에게 잡혀가든지 굶어 죽겠다 싶었다. 보다 못한 여우는 주위에 있던 긴 나뭇가지를 가까스로 끌어다 구덩이 안으로 넣어주었다. 호랑이는 나뭇가지를 발판 삼아 한 발씩 올라왔다.

겨우겨우 구덩이 밖으로 나온 호랑이는 거친 숨을 몰아쉬었다. 그리고는 고개를 들어 여우를 봤다. 여우는 다친 곳은 없는지 호랑이가 걱정되었다. 자신에게 다가오는 여우를 본 호랑이는 배가 고파졌다. 주위에 사냥감이라곤 여우밖에 없었다. 호랑이가 입을 쩍 벌리고 앞발을 치켜들었다. 순간, 토끼가 나타났다. 여우는 냉큼 토끼를 붙잡고 자신의 억울한 사정을 얘기했다. 토끼는 어떤 상황인지 이해할 수 없다며 호랑이에게 설명해 달라고 했다. 호랑이는 제 발로 구덩이에 들어가 처음 상황을 보여주려고 했고, 그 사이 토끼는 얼른 나뭇가지를 구덩이에서 빼내고 여우와 함께 가버렸다. 호랑이의 울음소리가 다시 숲에 울려 퍼졌다.

우화로 시작했지만 비슷한 이야기는 전래동화에 다른 유형으로 많이 있다. 이솝우화에 담긴 '여우와 포도' 이야기, 김삿갓 이야기 등 사건이나 인물, 배경만 다를 뿐 같은 주제로 전해져 오고 있다. 속담에도 "물에 빠진 사람 구해줬더니 보따리 내놓으라 한다." 등 배은망덕한 사람의 이야기는 숱하게 많다.

우리 주변에서도 흔히 볼 수 있는 사람의 유형이다. 기껏 도와줬더니 '너 때문에' 일이 잘못되었다는 식의 원망이 돌아오는 일은 비일비재하다. 남의 은혜를 저버리고 배신하거나 감사할 줄 모르는 행태는 지탄받아 마땅하다. 그러기에 우리 선조들도 이런 전래동화를 지어내고 속담에 그런 악행을 이야기에 담은 것이다.

기본적으로 예의가 없는 사람, 고마움을 느끼지 못하거나 감사함을 전할 줄 모르는 사람에게 칸트는 '사악하다'라는 표현을 썼다. 도덕적 이성을 중시한 칸트의 신념으로는 이해가 안 되는 부분이었을 것이다. 더구나 혼자만 사는 사회가 아니고 더불어 사는 사회에서 공생은 필수 불가결한 요소 아닌가. 그런데 자신을 이롭게 한 사람에게 은혜 갚지는 못할지언정 그 도움을 당연하게 여기다니. 안 될 일이다. 자신과 동등한 인격체로 바라보고 그의 희생에 감사해야 한다.

물질적인 도움, 개인 시간의 할애 등 가시적으로 드러나지 않는 배려나 도움 말고도 말 한마디의 위로나 정신적인 공감, 동지애, 우리에게 베풀어지는 상대의 관심조차도 우리가 살아가는데 은

혜롭게 작용한다. 그러나 이를 간과하고 무시하는 예가 허다하다. 누군가 자신에게 베푼 은혜를 별것 아닌 관점에서 바라보며 마음으로 감사할 줄 모른다면 배은망덕이다. 당신에게 '당연히 주어진 것'은 하나도 없다. 누군가의 피와 땀이 섞인 결정체다. 그런 관점에서 보면 현재 누리고 있는 모든 것, 꿈꾸는 가능성까지 감사하게 된다. 가장 가까운 주변 부모나 가족에게부터 배은망덕하지 말자. 사악함은 아주 강력한 범죄를 저지른 죄인에게 붙여지는 형용사가 아니다.

논리 있는 주장은
콩을 팥으로 만들 수 있다

> 모든 지식은 감각에서 시작하여 이해성으로 진행하고 이성으로 끝난다.
> 이성보다 더 높은 것은 없다.

우리에게는 다섯 가지 감각이 있다. 시각(눈), 청각(귀), 후각(코), 미각(입), 촉각(손)이다. 이 중 한 가지 감각만으로도 사물을 인지할 수 있다. 눈을 가리고 손으로만 만져서도 그것이 무엇인지 알아내고 냄새만 맡아도 무엇인지 알 수 있다. 이는 경험이나 배움, 배움에서 이해한 것이 오감을 통해 감각에 저장되었기 때문이다. 그러나 이 저장된 감각은 사람에 따라 모두 다르게 인식된다. 예를 들어 '보라색'이 제시되었을 때 사람에 따라 라벤더, 포도, 옷이나 보랏빛 하늘, 손수건 등 자기 기억에 저장된 보라를 떠올린다. 또한, 각기 다른 명도, 채도의 보라를 연상한다. 그러니까 감각은 개인적 경험과 체험을 동반한 원초적인 인지 능력이 되는 셈이다.

소설을 예로 들어보자. 소설은 픽션이다. 물론 배경이나 인물, 사건은 모두 작가가 주제를 전달하기 위해 설정된다. 공간적 배경, 시간적 배경, 인물에 생동감을 불어넣기 위해 '묘사'를 한다. 직접 보고 듣고 만지고 맛보고 냄새 맡는 것처럼 글로 감각을 살려내는 것이다. 여기서 아주 잘 된 묘사의 한 장면을 보며 감각을 느껴보자.

"그는 가루를 조금 더 털어 넣은 다음, 액체의 반응을 살펴보면서 조금 더 넣었다. 마침내 가루를 전부 털어 넣고 나자, 비이커 안의 액체는 흙탕물처럼 더러운 갈색을 띠었다. 액체가 잘 섞이도록 비커를 몇 번 더 빙빙 돌린 뒤, 자리에서 일어나 작은 방으로 연결되는 층계를 올라갔다."

영국의 시인이자 소설가 R. L. B. 스티븐슨이 《지킬박사와 하이드》에 묘사한 내용이다. 글을 읽으면 지킬박사의 동작이 그려진다. 그냥 '액체'라고 하면 물이라고 짐작되었을 액체가 '흙탕물처럼 더러운 갈색'의 액체로 생생하게 보인다. 바로 이것이 감각의 작용이다.

칸트는 이렇게 우리의 감각이 이해를 불러오고, 이해를 바탕으로 이성이 작용한다는 사실을 강조했다. 이성은 판단을 내리는 관점이나 사고하는 힘인데 우리의 모든 지식적 요소가 감각에서 출발한다는 것이다.

감각에는 자신의 경험적 요소가 들어간다. 정확한 '이성적 판단'이라고 말할 때조차 자료와 정보만 종합하는 것이 아니라 감각에서 출발한 이해력을 바탕으로 이성적 판단을 하는 것이다. 여기에 경험과 감성적 요소가 전혀 안 들어간다고 할 수 없다. 감각의 경험은 뇌를 자극하고 모든 기억을 관장한다. 그러므로 우리는 판단과 사고 능력인 '이성'의 단계를 높이기 위해 감각을 활성화시켜야 한다.

칸트는 '이성'을 둘로 나누어 설명한다. 선천적으로 인식할 수 있는 '이론 이성'과 우리의 의지와 사고로 실현할 수 있는 '실천 이성'이다. 이를 통틀어 '이성'이라 하는데 이는 동물과 구별되는 인간만이 가진 능력이다. 동물들도 감각은 지니고 있지만, 감각에서 이성으로 나아가는 사고의 능력은 인간에게만 있다.

그렇다면 우리는 이 '이성'을 얼마나 유용하게 사용하고 있는가. 스스로 깔아뭉개거나 지극히 감각적 반응으로 대체하며 사는 것은 아닌지 점검해야 한다. 감각에 의존하여 연결된 감정의 판단에 치우치면 안 된다. 자기 의견의 합리성을 잃고 편파적인 대응이 되기 쉽다. 만약 누군가 자신을 비판하면 차분하게 듣지 못하고 이성을 잃게 된다. 무엇이 문제인지, 어떤 점을 지적하고 있는지, 자신의 사고가 논리나 이치에 잘 부합하는지 점검해보지 않고, 감각의 판단에 자기감정과 이성을 맡긴 채 즉각 반응한다. 아직 성숙하지 못한 아이의 반응처럼 자신이 좋아하는 것에 환호하고 자신이 불리하면 화를 낸다. 이러한 감정적 대처는 '나는 단순한 사람'이라고 광고하는 꼴이다.

자기만의 감각을 활용한 이성적 사고가 필요하다. 그것이 다른 사람과 자신이 차별될 수 있는 지점이다.

수천 년이 지나도
굳건히 건재할 권선징악의 윤리

> 실천 이성의 유일한 대상은 선과 악의 대상이다.

착하게 살면 복을 받고 악하게 살면 벌을 받는다는 권선징악. 우리는 이를 인간 도덕의 뿌리이자 삶의 기본 개념으로 알고 있다. 이야기가 글로 전해지기 전부터 설화나 민담에 담겨 부모나 할머니 할아버지 등을 통해 아이들에게 전해졌다. 말귀를 알아듣지 못해도 나쁜 일을 하면 보호자인 어른이 겁을 주거나 벌을 내리는 등 어떤 것은 나쁘고 어떤 것은 좋은지 스스로 깨닫게 도왔다. 그래서 '흥부와 놀부' 이야기를 들으면서 형제간에 욕심을 부리면 안 되고 동물을 도와주면 착하다는 인식을 자연스럽게 할 수 있었다. 또한 '소가 된 게으름뱅이'나 '은혜 갚은 까치'를 듣고 자기 행동의 법칙을 정했다. 이러한 학습, 경험이 어릴 때부터 우리 의식에 잠재되어 개인의 '선의지', '도덕법칙'을 마련하는 기준이 된다.

여기서 한 가지 예시를 보자. 이는 오구라 히로시가 쓴《회사 생활이 힘드냐고 아들러가 물었다》에 나오는 일화이다.

주인공 료는 광고회사에 다닌다. 이번에 자동차 회사의 광고를 의뢰받았는데 친환경 자동차임을 강조해달라고 했다. 광고 계약 금액은 상당히 컸다. 그런데 이 자동차의 배기가스가 기준치를 초과한다는 소문이 돌았다. 더구나 그 자동차 회사 내부자의 자백으로 이것이 머잖아 뉴스로 나올 거라는 정보까지 입수된다. 이때 료는 갈등한다. 클라이언트의 주문대로 거짓 광고를 할 것인가? 만약 자신이 만든 광고를 보고 소비자들이 이 자동차를 구매한다면 많은 사람에게 피해를 주게 된다.

회사와 자신의 이익을 위해 광고를 포기할 것인가? 그럼 자신의 실적은 물론이고 회사의 이익마저 줄어들게 되니 질책은 물론 문책까지 당할 수도 있다. 심하게는 실직의 위기에 빠질 수도 있다. 과연 당신이라면 어느 쪽을 선택할 것인가.

이 책에서는 아들러 심리학에 의거 더 큰 공동체를 위한 결정을 내려야 한다고 말한다. 즉, 회사나 개인의 이익보다 더 넓은 의미인 사회와 소비자를 먼저 생각하고 결정해야 한다는 것이다. 이에 료는 광고주인 자동차 회사에 자기 의견을 전한다. 당연히 그쪽에서는 광고 의뢰를 철회하고 다른 회사에 맡긴다.

오스트리아의 정신의학자 알프레드 아들러의 심리학을 설명하는 이 예화를 읽으면 칸트의 실천 이성에 나오는 '선'을 생각하게 된다. 물론 칸트는 '최대 다수의 최대 행복'이라는 공리주의를 비판한 인물이다. 인간은 오로지 자기 안의 '선', 즉 도덕법칙을 삶에서 실현해야 한다는 것이다. '정언명령'이라 일컬어지는 이것은 절대적 선의 개념으로 어떠한 조건도 붙지 않은 상태이다. 남을 위해 배려할 때 그것이 자신의 이익이나, 남들의 평가, 혹은 보상을 바라고 하는 것이 아닌 '도와야 한다'라는 내적 명령이다. 이러한 선의지는 인간으로서 마땅히 짊어질 '의무'이다. 인간 상호 간의 이 의무가 잘 시켜지면 이상적인 사회에 이른다.

칸트는 선의지 외의 모든 것을 '악'으로 규정했다. 타인을 해하는 것이나 이용하는 것, 수단으로 생각하는 것 등은 선의지에서 벗어난 행동이다. 이것은 신이 규정하는 것도 아니고 법으로 제시되는 것도 아니다. 오직 자신의 도덕법칙 안에서 보편적 윤리에서 벗어나 있는 것들이다. 그러므로 '악'을 행했을 때 법칙에 따라 정당하게 가해지는 형벌은 도덕적으로 선善이 된다.

명예를 얻을 수 있다면 흔들리는 갈대가 되지 마라

> 살아있는 동안 행복하게 살 필요는 없지만
> 사는 동안 명예롭게 살 필요는 있다.

우리 삶에서 두고두고 생각해야 할 고전 소설을 소개한다. 기드 모파상이 1884년 발표한 소설 <목걸이>이다. 중학교나 고등학교 교과서에 실려있기에 다들 알고 있을 것으로 생각하지만, 칸트의 명언을 읽다 보니 저절로 그 작품이 떠올랐다.

처음 읽었을 당시 매우 충격받았는데 도대체 누가 잘못했는가 하는 문제에 천착했던 것 같다. 이후 다시 읽고 몇 번을 읽으며 작품이 전하는 삶의 진리를 깨달아가고 있다.

주인공 마틸드 루아젤은 사치와 허영심이 많은 여성이었다. 남편은 직급이 낮은 공무원이었다. 그런데도 하녀까지 두고 살 정도로 편안하기는 했다. 하지만 그녀는 남편의 적은 월급이 불만스러웠고 언제나 화려한 삶을 꿈꿨다. 자기 욕구를 채워주지 못하는 현실이 불만스러워했다. 어느 날, 남편이 고위직 파티의 초대장을 가져온다. 마틸드는 가고 싶지만 드레스가 없다며 투덜댄다. 남편은 자신이 엽총을 사려고 조금씩 모아둔 돈 400프랑을 건넨다. 하지만 루아젤은 이번에는 보석이 없다며 친구 잔에게 보석을 빌린다. 잔은 부유한 집 부인이었고 많은 보석을 가지고 있었다. 잔은 루아젤에게 다이아몬드 목걸이를 기꺼이 빌려준다. 파티 당일 루아젤은 아름다운 외모와 반짝이는 보석, 화려한 드레스까지 완벽한 모습으로 사람들의 시선을 사로잡았다. 새벽까지 파티를 즐긴 루아젤에게는 꿈같은 시간이었다.

하지만 루아젤은 집에 돌아온 뒤, 목걸이를 잃어버렸다는 사실을 알게 된다. 어디를 찾아봐도 없었다. 하지만 목걸이를 잃어버렸다는 사실을 잔에게 말할 수 없었던 루아젤은 비슷한 목걸이를 사 주려고 생각하고, 다음 날 보석상을 찾았다. 자신이 빌렸던 목걸이는 4만 프랑. 남편과 함께 하녀를 내보내고 그동안 모아둔 돈과 집을 줄여 이사하고 남은 돈, 그리고 빚을 내 목걸이를 사서 잔에게 전했다.

잔은 상자를 열어 확인도 안 하고 그대로 받았다. 그 후, 빚을 갚기 위해 남편은 서류를 베껴 쓰는 잔업까지 한다. 루아젤은 온갖

허드렛일을 하면서 빚을 갚아 나갔다. 10년이 흐른 어느 날, 루아젤은 잔을 만난다. 목걸이를 잃어버린 사실을 숨기고 다른 목걸이를 돌려준 게 미안해 모른 척하려다 이젠 빚도 겨우 다 갚은 상태라 아는 척을 했다. 잔은 너무 늙어버린 루아젤을 처음엔 몰라본다. 루아젤은 그동안 상황을 이야기하고 돌려준 그 목걸이의 내막을 알려준다.

"뭐야? 내가 빌려준 목걸이는 가짜였어. 500프랑이 될까 말까 한 가짜."

그 순간 루아젤은 허탈한 표정을 짓는다.

이 순간 루아젤은 무슨 생각이 들었을까. 만약 당신이 루아젤이라면 무슨 생각을 하겠는가. 우리는 행복을 맛보기 위해 산다고 해도 과언이 아닐 만큼 인생의 최종 목적지를 '행복'에 둔다. 그러나 이 행복이라는 참 묘해서 개인마다 느끼는 척도나 조건, 가치가 모두 다르다. 누군가는 '돈'에 두기도 하고, 누구는 '즐기는 여유'에 두기도 하며, 누구는 '건강'에 또 어떤 이는 '힘'에 두기도 한다. 사람마다 다르기에 어느 것이 더 중요하다고 말할 수는 없다.

칸트가 말하는 '행복하게 살 필요는 없지만'의 뜻은 행복하게 살지 말라는 의미가 아니다. 다른 이들이 평가하는 기준을 따라가지 말라는 것이다. 자신의 위치와 상황에 맞춰 정한 행복의 척도일 뿐이니 그것을 당신에게 적용할 이유가 하나도 없다. 마찬가지로 다른 사람을 보면서 "…한 이유로 행복할 거다.", "…한 이유로 행복하지 않을 거다."라고 함부로 재단하고 단정해도 안 된다. 만약 그런 인생을 살게 된다면 루아젤처럼 보이는 삶에 집중하느라 정작 자신의 존재감은 잃어버리게 된다.

대신 자신이 진심으로 추구하는 행복의 진정한 가치는 어디에서 오는지 점검이 필요하다. '명예로움'은 자신이 이룬 가치의 실현에서 나온다. 작든 크든, 대단하든, 평범하고 일상적이든, 자신감과 뿌듯함을 동반한 당당함이다. 아이가 색종이로 만든 집은 어른이 보기에는 보잘 것 없고 조잡하지만 뿌듯한 맘으로 자랑하는 얼굴을 보라. 세상 누구도 가지지 못한 자부심이 깃들어 있다.

행복에 목말라 하지 말고 자신이 누구인지, 어떤 사람인지 분명히 알자. 우리가 세상에 태어났으니 자기 이름을 걸고 명예롭게 살아야 하지 않겠는가.

행복할 방법을 찾는다면
손에 책을 들어라

지식은 인간의 행복을 증진시키는
가장 중요한 도구이다.

행복의 조건은 무궁무진하다. 경제력, 학벌, 좋은 직업, 외모, 능력, 성공, 성취감 등. 여기서 더 세분하면 다양하고 그 층위 또한 무수히 많다. 어떤 사람은 작고 소소한 부분에도 행복을 느낀다면 누군가는 남부러워하는 것을 가지고도 행복을 느끼지 못한다. 이러한 차이는 만족도에서 오는데 무엇에 집중해서 보느냐에 따라 달라진다. 다만 알아둘 것은 즐거움과 행복은 동반된다는 것이다.

칸트는 지식이 인간의 행복도를 높여준다고 했다. 그러므로 이를 행복의 도구로 사용하라는 것이다. 어떤 의미에서 그렇게 말했을까. 나아가 이 말에 당신은 동의할 수 있는가.

우리에게 지식은 '공부'로 인식된다. 우리나라 교육의 현실상 십대를 죽어라 공부하며 보내야 한다. 좋은 대학이 목표이기도 하지만 공부를 못 하면 잘하는 아이에 비해 상대적으로 평가 절하된다. 학교뿐만 아니라 친구 사이에서도 심지어 부모에게까지 인정받기 힘들다. 그러나 공부만 잘하면 학교를 빛내줄 애, 자랑스러운 내 친구, 효도하는 자식이 된다. 그래서 싫든 좋든 공부를 할 수밖에 없었다. 지식을 머리에 쑤셔 넣으며 많이 알기 위해 달달 외우고 머리를 굴려 문제의 정답을 찾아야 했다. 그렇게 공부한 것이 머리에 쌓여 지식으로 자리 잡는다고 여겼다. 그러나 그렇게 밤낮없이 한 공부는 지식이 아니라 정보다. 그러니까 쉴새 없이 정보를 머리에 입력한 것이다.

이제 '지식=공부'의 인식에서 벗어나야 한다. 지식은 어떤 대상에 대한 명확한 인식이나 이해다. 정보에 사고가 덧입혀져 얻은 하나의 성과로 여기에는 단편적인 사실과 경험적 의식이나 자각이 뒷받침된다. 이를 바탕으로 자기 가치관이나 삶의 철학을 가질 수 있다.

하나의 예로 '배고픔'을 생각해 보자. 공부에서 배고픔은 '위가 비어있는 상태'이다. 즉, 몸이 생명을 유지하는 욕구의 충족을 원하는 것이다. "이때 몸에 필요한 양분을 공급해 줘야 하는데 단백질, 탄수화물, 무기질 등 각종 영양소로 제공해야 이를 해소할 수 있다. 단백질이 들어있는 식품은 ….” 이런 식으로 교과서나 학습서에 서술된다. 그러나 이 배고픔을 경험에서 가져와 보자. 다이어트를 위한 공복을 선택했더라도 좋다. 먹지 못해 느끼는 음식에 대한 갈망을 느껴본 적이 있다면 그것으로도 괜찮다. 이때의 느낌과 감정을 되살려 보자. 필요한 것은 음식이고 참는 것은 고통이라는 것을 안다. 정보 외에 몸의 변화와 움직임까지 학습되어 지식이 된다. 이는 배고픔의 상태를 아는 것을 넘어 이해를 부른다. 누군가 며칠 굶어 배가 고프다는 것을 알면 자신이 가지고 있는 빵을 건넬 수 있다는 것이다. 이것은 단순한 동정이 아니다. 배고픈 사람에게는 영양분이 공급되지 않으면 기아에 이르고 사망할 수 있다는 이론적 '정보'와 배가 고팠던 경험이 융합하여 만들어낸 지식이다. 이 지식이 자기 행동을 이끌어 배고픈 사람을 돕게 하는 것이다. 바로 이것이 지식이며 칸트가 말하는 행복을 증진시키는 도구이다.

자신이 가진 빵을 남에게 주었는데 어떻게 행복할 수 있냐고 묻는다면 행복은 물질적인 측면에서만 오는 것이 아니라고 답하겠다. 정신적 행복이 더 충만함을 가져다준다. 당신은 빵을 건넸지만, 그는 생명을 건네받았다. 그 사람은 물리적인 배를 채웠지만 당신은 인간애를 실현하고 더불어 사는 세상에 영향력을 발휘했다. 그로 인해 당신 삶은 훨씬 풍요로워지게 되었다.

'무엇으로 어떻게 행복해질까'를 고민하고 있다면 당장 지식을 충전하라. 당신은 이미 많은 정보를 가졌다. 이를 경험이나 사고로 활성화시켜 행복의 충전량을 높이자. 지금보다 더 환하게 웃을 수 있는 비결이다.

표현의 자유 앞에서 망설이지 마라

인간은 자유롭게 사고하고
표현할 권리를 가진다.

민주주의는 표현의 자유를 억압하는 일체의 검열이나 처벌을 원칙적으로 금지한다. 역사적으로 미국독립전쟁과 프랑스 혁명을 거치면서 표현의 자유는 박탈할 수도, 양도할 수도 없는 핵심적인 인권의 하나로 세계인권선언은 제19조에 천명되었다. 그로 인해 우리는 자유롭게 자신의 견해와 사상을 표출할 권리를 부여받았다. 음악, 미술, 문학 어느 부분에서든 자기 생각을 자유롭게 표현할 수 있으며 그에 따른 제재도 받지 않는 것이 원칙이다.

하지만 이 '표현의 자유'를 두고 어디까지 자유로 인정해야 할지 논란이 되기도 한다. 특히 우리나라에서는 유력 정치인을 희화화하거나 풍자할 때 이 표현의 자유에 날을 세운다. 그로 인해 조각

작품이 강제 철거되기도 하고 벽화로 그려진 경우 흔적도 없이 지워지기도 한다. 노래가 금지되기도 했다. 그럴 때마다 예술적 측면의 해석과 자유의 관점에서 대중은 혼란스럽다.

먼저, 표현의 바탕이 되는 사고의 개념을 살펴보자. 국어사전에는 '생각하고 궁리하다' 또는 '개념, 구성, 판단, 추리 따위를 행하는 인간의 이성 작용'이라고 명시되어 있다. 비슷한 말로는 사유, 생각, 지려, 논리, 궁리가 포진되어 있는데 이 명사들은 분명히 개인의 영역이다. 자기 경험과 현상, 지식의 도움을 받아 자신만의 관점을 만들어내 판단하고 논리를 생성한다. 그리고 몸으로 겪어낸 체험이나 책이나 뉴스, 타인과의 대화 등 수많은 배경 지식으로 사고를 확장해 나간다. 그로 인해 이 생각은 한 사람의 주장이 되고 표현이 된다.

이러한 사고를 언제 어디서든 자유롭게 표현할 권리가 우리에게는 있다. 이 권리는 법으로 보장받는다. 즉, 언제 어디서든 개인의 자유에 속하는 사고 표현의 자유는 존중받고 지켜져야 한다는 것이다. 그러나 현실에서는 이 사고의 표현이 비난의 대상이 되거나 갈등의 원인으로 치부되어 묵살되기도 한다. 뿐만 아니라 권력에 저항하는 표현이라면 통제의 대상이 되기도 한다. 이는 분명히 개인의 사고의 자유를 통제하는 것이다.

같은 교육체계, 경험, 사회 제도 안에 살면서도 사람마다 판단 기준은 다르다. 어느 면을 보고 어떤 대상에게 집중하느냐에 따라 현격한 차이를 드러내기도 한다. 특히 정치적 성향이나 정책을 바라보는 시각에는 의견과 주장이 분분해진다. 역사적 인물이나 사건을 평가할 때도 그렇다. 예술도 마찬가지여서 피카소나 모네의 등장은 예술의 흐름을 파격적으로 바꾸는 하나의 아이디어였다. 그런데 우리는 시대의 보편적인 사고에서 벗어나는 표현, 다수의 의견에 반하는 사고를 배척하거나 비난한다. 그로 인해 그 사고의 표현은 제대로 평가받지 못한다. 다르거나 거칠다, 한쪽으로 치우쳐 있다, 통념에서 벗어난다는 관념적 사고에 갇혀 불편한 시선으로 바라본다.

우리는 자신과 대척점에 있는 상대의 사고를 어떻게 바라보는가. 그리고 어떻게 대응하는가. 그렇다고 무조건 수용하자는 주장은 못 하겠다. 그 또한 개인의 선택이고 판단이니 개인의 사고에 맡기는 게 맞다. 하지만 그들의 '사고 표현의 자유'를 인정하고 존중해야 마땅하다. 누구든 가질 수 있는 자신의 권리를 행사하고 있는 것이기 때문이다. 만약 이해되지 않는다면 묻고 대화하자. 나와 다른 의견에는 그의 경험과 생각이 축적되어있음을 받아들이고, 알아보고 싶다는 열린 사고로 다가가야 한다. 다른 관점의 사고를 이해하게 되면 자신의 사고의 범위가 확장된다. 그리고 그만큼 성숙해지게 된다.

한 걸음 더 나아가 타인의 표현이 무엇을 말하고 있는지 깊이 들여다 보자. 표현은 직관과 즉흥적 발상에서 나온다 하더라도 개인의 사고의 종합이다. 이를 관찰하고 자신의 사고와 견주어 본다면 새로운 시각의 제시를 받을 수 있다.

제4장

우리를 위하여

I was happy to meet Kant today

'나'와 '너'가 더해져 우리가 된다.

우리가 되는 순간, 복잡한 구도가 생기고 법과 질서가 필요하게 된다.

다툼과 갈등은 서로 다름에서 시작되는데 이를 알면서도 피하지 못한다.

양보와 배려는 강 건너 불처럼 와닿지 않는다.

'우리'를 위해 우리는 무엇을 해야 할까.

칸트의 말에 귀 기울여보자.

보고 듣고 느끼고 생각한 것을 땅에 묻어두지 마라

모든 지식을 경험으로부터 얻지만,
모든 지식은 경험으로부터 시작하지는 않는다.

불에 데 본 적 있는가? 종이에 손가락을 베인 적은 있는가? 압정이나 바늘, 스테이플러 침에 찔린 적은? 아마도 누구든 이것 중 하나는 경험해 보지 않았을까 싶다. 없다면 가시에 찔린 적이 있을 것이고, 문틈에 손가락이 끼인 적이 있는 사람도 있을 것이다. 개인적으로 종이에 손가락을 베였을 때 가장 기분이 나빴다. 자존심이 상했다는 표현이 더 맞을지 모른다. 하찮은 종이 한 장이라고 여겼는데, 내가 구겨버리거나 찢어버리면 그만이라고 생각했는데 종이를 정리하다 쓰윽, 하고 베이면 아찔하다. 피가 많이 나는 것도 아니면서 몹시 쓰리고 아프다. 그때 드는 생각은 '저깟 종이 때문에 내 손이 베었나.'라는 신경질과 '종이가 내 손을 베었다고?'라는 의아함, '종이가 힘이 세네.'라는 엉뚱한 종이의 의인화까지 신랄하게 터져 나온다. 그리고 다음에 종이를 만질 때는 꼭 조심한다. 이미 종이가 얼마나 내 손에 해를 가할 수 있는지 그 위력을 알았기 때문이다. 경험을 통해 확실히 알게 된 하나의 사실이 추가된 것이다. 동생이나 친구가 종이를 정리할 때 "조심해!"라는 말을 해줄 수 있는 정보력도 생겼으니 종이에 손을 벤 일이 그리 손해 보는 장사는 아니었다.

인류 최초로 불을 사용했을 때를 보자. 불이 발견되기 전, 인간은 자연에 취약했다. 추위에 떨어야 했고, 짐승의 공격에 무방비로 당해야 했으며, 바이러스나 세균의 감염에도 내응할 수 없었다. 그런데 불 하나의 발견으로 이 모든 어려움이 극복되었다.

처음부터 불의 사용법을 알았던 건 아니다. 한 번의 경험, 두 번의 경험이 쌓여 불을 이용하는 법을 알게 되었고, 이 사실(정보)을 삶에 적용하게 되었다. 그로 인해 토기를 굽고, 어둠을 밝히고, 잘 타는 물질이 무엇인지, 불의 온도 조절은 어떻게 가능한지 등 불이 있기 전에는 알 수 없었던 영역에까지 지식을 확장해 나갔다.

그리고 불이 인간에게 끼치는 해로운 점도 발견했다. 화상을 입히거나 재산을 태워버리는 등 이점과 동시에 단점이 치명적이었다. 하루 이틀에 얻어낸 결과는 아니다. 오랜 시간 불을 사용한 경험이 축적되어 불에 관한 지식을 만들어냈다. 몇 세대를 거쳐 사용되며 불 관련 지식은 이제 무기로 개발되고, 기관차를 움직이고, 우주선을 날려 보내는 역할까지 담당하고 있다. 그러기에 모든 지식은 경험에서 얻어진다는 칸트의 말이 증명된다.

그런데 칸트는 여기서 한발 더 나아가 모든 지식의 시작이 경험이 아닐 수도 있다고 했다. 유추, 추론, 가설, 상상력도 지식의 출발점이 될 수 있음이다. 과학적 증명은 가설을 세우고 실험을 통해 그것이 사실임을 증명해낸다. 21세기 최첨단과학의 시대에는 모든 분야에서 이러한 과학적 접근이 가능하고 활용되고 있다. 증명되는 순간, 우리 일상에 근접해 영향을 미친다. 과학기기뿐만 아니라 의료기기나 의약품 등 그 지식의 확장 범위가 방대하다.

이를 개인적인 상황으로 가져와 보자. 앞서 종이에 손가락이 베인 상황을 묘사했는데 이는 지극히 단편적인 경험일 뿐이다. 우리는 하루에도 어떤 사물에 관해, 어느 현상에 관해, 인간관계나 심리 문제에서 전폭적이고 광범위하게 직간접적으로 체험한다. 물론 이전에 경험이 있기에 이를 토대로 즉각 그 의미를 해석하고 이해할 수 있는 지점도 많다. 그동안 살아온 경험에서 우러나온 정보를 이용해 판단하고 자신에게 유리하게 활용할 수도 있다. 여기에는 다변적인 경험, 다층적인 체험이 수반되어 있는데 경험의 범위가 확장되어 있을수록 자신의 배경 지식은 남들보다 탁월해질 수 있다.

그러나 우리가 실생활에서 모든 일을 경험할 수는 없다. 역부족이다. 칸트를 직접 만나 얘기해 보지 않고 어떻게 칸트를 알 수 있을까. 책이다. 영상자료이다. 이러한 것들은 우리에게 간접 체험을 제공하며 지식을 넓혀준다. 다른 사람의 경험한 지식을 읽으며 자기 것으로 받아들여야 한다. 그로 인해 당신이 가진 경험의 한계를 극복하고 지식의 영역을 넓힐 수 있다. 당신의 모든 경험을 응원한다.

가늠할 수 있는 행복은 손에 쥐면 시시해진다

도덕적 의무를 행함으로써만
인간은 행복을 찾을 수 있다.

앞서 여러 차례 언급했지만, 칸트의 도덕적 의무는 내면의 의지, 양심, 책임이다. 오롯이 자기 의지의 발현인데 순수한 인간의 '도리'라고 보아도 크게 어긋나지 않는다.

칸트는 삶에서 이 도덕적 의무를 행함으로써 인간이 행복할 수 있다고 말한다. 이 말을 들으면 한 가지 의문이 든다. 도덕적 의무를 행한 것만으로 행복할까? 어떤 이익이 따른다면 더 행복하지 않을까? 예를 들어 돈이 많이 든 지갑을 주워 지구대에 가져다주었다는 것과 그에 따른 보상으로 지갑의 주인이 약간의 사례를 했다면 어떤 경우가 더 행복한가. 당연히 후자 아니겠는가. 물질적 보상이 아니더라도 칭찬이라도 들으면 더 행복하다. 경제적 관점에서 보면 어떠한 보상을 받아야 행동에 의한 결과로 만족스럽다. 이 부분은 누구나 동의할 것이다. 그러나 칸트의 생각은 다른 것 같다.

행복에는 가늠할 수 있는 행복과 가늠할 수 없는 행복이 있다. 가늠할 수 있다는 것은 그 행복이 얼마나 큰지 타진할 수 있다는 것이다. 예를 들어 시험에 합격하거나 남을 도와주었을 때, 어떤 일에서 성과를 냈을 때, 선물을 받았을 때, 좋아하는 사람에게 청혼받았을 때, 누구나 인정하는 좋은 일을 했을 때 정도의 차이는 있겠으나 우리는 모두 이 행복을 안다. 뿌듯함, 만족감, 기쁨, 환희, 희열 같은 부형의 행복이지만 얼마나 행복할지 대충 삼이 삽힌다. 그래서 이 행복을 맛보는 사람들에게 '좋겠다', '축하한다', '부럽다'를 연발하게 된다.

이와 다른 유형의 행복은 가늠할 수 없는 행복이다. 선의의 행복으로 인간으로서, 인간이기 때문에 당연히 해야 한다고 하는 도덕적 행동이다. 자율적 행동으로 오로지 자유의지의 힘이 발현되는 것을 의미한다. 이를 수행하는 사람의 힘은 강하다. 내적 갈등을 이겨내고 더 나은 자신을 위해 도덕법칙을 실현해 나가기 때문이다.

한 번 수행한 도덕법칙은 꼬리에 꼬리를 물고 확대되어 자신을 도덕적 인간으로 성장시켜 준다. 뿌듯함과 만족감으로 살아가는 인간의 진정한 의미를 찾게 돕는다. 칸트는 이를 도덕법칙의 순환이라고 했다. 사람은 언제나 더 나은 인간이 되고 싶어 하기에 자기만족을 주는 행복을 찾아 본성이 움직인다는 것이다.

자본주의 사회, 물질 만능주의 사회에서 도덕법칙을 수행하면 자신만 손해 보거나 혹은 이용당하거나, 자신에게 유리하지 않은 조건으로 내몰려 불리해질 수 있다고 미리 걱정하는 사람이 있다. 그러나 결과적으로는 인성이 격을 갖추게 되고 사람들에게 신뢰를 얻는다. 그로 인해 행복은 더 커진다. 나아가 이 진리를 미처 모르거나 실천하기 어려운 사회의 사람들에게 인간다움의 진수를 보여주며 다른 사람에게도 긍정의 영향을 미치게 된다.

우리의 내면은 언제나 도덕적 윤리를 따르라고 하지만 귀찮거나 보상이 따르지 않은 수고를 기꺼이 감당하기 어렵다. 그래서 칸트가 말한 도덕적 의무를 알지만, 일상에서 행하기가 어렵다. 오직 보상과 대가를 바라며 자기만족보다 사회적 성취를 더 염두에 둔다. 그로 인해 칸트의 도덕법칙이 빛을 잃고 있다. 그러나 이 도덕적 의무가 세상을 밝히는 등불임을 잊지 말자. 도덕적 의무를 다한 사람이 밝힌 등불로 다수의 사람이 함께 길을 걸을 수 있다. 그는 함께 걷는 사람에게 영감을 주고 긍정적인 영향을 주며 삶을 더욱 의미 있고 행복하게 만든다.

눈에 보이지 않는 것에 집중할수록 당신의 존재가 빛난다

인간은 중요한 가치를 가진 목적을 위해 노력해야 한다.

한 번쯤 자기 삶의 중요한 가치는 무엇일까 생각해 본 적이 있을 것이다. 돈, 명예, 성공 등 처음에는 가시적이고 표면적인 것을 떠올리다가 점차 생각이 깊어질수록 보이지 않는 행복, 사랑, 건강, 만족에 집중하게 된다.

"인간은 중요한 가치를 가진 목적을 위해 노력해야 한다."라는 말의 의미는 모두 안다. 어쩌면 이 말 또한 너무도 당연해 그 의미가 특별하지 않고 울림을 주지 못한다. 그러기에 여기서는 너무 당연한 것들을 빼고 이야기해 보려 한다. 그것은 감각적으로 자신을 위한 '일', 놓치기 쉽고 잊고 살기 쉬운 것이다. 이 또한 지극히 개인적인 의견이니 참고만 하되 자신이 놓치고 살거나 잊고 사는 것들을 생각해 보는 계기가 되었으면 한다.

첫째, 조금 고리타분해 보이고 관념적이지만 '부모'다.

살면서 가장 간과하고 넘어가기 쉬운 부분이며 그 관심과 사랑을 당연하게 여기는 경우가 많아 일 순위로 꼽았다. 선뜻 "당신에게 중요한 가치는?"이라고 질문받으면 자신에게 집중하게 마련이다. 자기 이상과 성공에 맞춰 그 목적을 이루기 위해 어떤 노력을 쏟아부어야 할지 고민한다. 그러나 현재 발을 딛고 서 있는 위치를 보자. 오늘의 자신을 있게 한 부모를 잊어서는 안 된다. 어떠한 상황에 놓여 있든 부모가 안 계셨으면 당신은 없다. 또한, 부모의 삶은 한정적이다. 자신과 영원히 함께할 수 없다는 의미이다. 자신의 모든 걸 쏟아부어 부모를 위한 삶을 살라는 것이 아니다. 전화 한 통화도 괜찮다. 안부를 전하는 말을 건네는 노력 정도는 해야 한다는 의미이다. 그들의 삶에 당신이 차지하는 비중이 엄청나게 컸음을 알아야 한다.

둘째, 타인의 존엄성 인정이다. 더불어 사는 사회이다.

개인이 모여 사회를 이루었다는 내용은 초등학생도 다 아는 사실이다. 아무리 학문이 높은 사람도, 많이 가진 사람도, 가난한 사람도, 장애가 있는 사람도, 보편성에서 멀어진 다른 사고로 세상을 사는 사람도, 어떠한 조건에서도 모두 한 생명체로서 존중받아야 한다. 이 당연한 권리를 사회적 잣대나 기준, 개인의 잘못된 인식으로 무시당하거나 폄하되어서는 안 된다. 그런데도 자신보다 열등하다고 판단되면 짓밟고 보이지 않는 폭력을 가하는 사람들이 있다. 동등한 인격체인데 누가 어떤 잣대로 사람을 평가할 수 있다는 말인가. 아니 될 말이다.

우리나라는 국민의 평균 학력이 높은데도 불구하고 사람에 대한 편견과 차별, 무시와 조롱이 끊이질 않고 있다. 이러한 시선을 유지하고 있다면 자신의 가치를 떨어뜨릴 뿐이다. 한시라도 빨리 이러한 차별적 시선을 거둬야 한다. 세상에 어떤 생명도 당신에 의해 평가될 존재는 없다.

셋째, 인간에 대한 신뢰이다.

언론에 나오는 뉴스를 보면 사람 사는 세상이 맞나 싶을 정도로 너무나 잔인하고 무섭고 혐오스러운 범죄가 일어나고 있다. 그로 인해 우리는 인간에 대한 신뢰가 무너져가고 있다. 같은 아파트에 사는 사람과 단둘이 한 엘리베이터에 타기를 거부한다든가, 누군가 친근하게 다가오면 분명 무슨 목적이 있을 거라고 여겨 한 걸음 물러선다. 모르는 사람이 모인 자리에 가면 모두 경계의 눈빛을 보낸다. 그러나 개인적으로 만나면 모두 한결같이 말한다. 자신은 믿을 만한 사람이라고.

인간에 대한 신뢰가 무너져가는 세상에서 '믿음'을 강조하는 게 아이러니하지만, 인간관계에 신뢰가 가장 바탕이 됨을 잊어서는 안 된다. 자신의 목적을 위해 믿음을 심어주라는 게 아니다. 오직 인간 대 인간으로서 믿을 수 있는 사람이 되어야 한다는 것이다. 신뢰가 무너지면 당신이 어떠한 가치를 실현하고자 해도 쉽게 이루어질 수 없다. 당신 혼자 사는 세상이 아니기 때문이다. 여기서 언급한 '부모', '존엄성', '신뢰'는 삶의 목적이 될 수 없다. 당신이 중요한 가치를 실현하는 밑바탕이 될 뿐이다. 그러나 이를 무시한다면 당신이 서고 싶은 무대에서 주인공으로 빛날 수 없다.

뒤틀린 내면으로는 올곧은 형상을 만들 수 없다

구부러진 목재로 곧은 것은 하나도 만들어지지 않는다.

아, 슬픈 일이다. 칸트는 인간은 뒤틀린 목재와 같다고 했다. 그래서 곧은 것 하나도 만들어내지 못하는 존재라는 것이다. 왜 이렇게 단정 지어 말하고 있는지 생각이 많아진다.

일반적으로 사람은 자기 삶에서 목표한 무언가를 빚어내려고 한다. 그리고 꿈꾼다. 자신이 그 꿈을 이루었을 때 세상이 조금은 바뀌어 있을 거라는 상상도 한다. 어떤 역할을 맡든, 어느 부분을 담당하더라도 자신의 기여로 인해 더 아름다운 세상이 된다는 것은 생각만으로도 기분이 좋아진다. 그러기에 어릴 때부터 자신을 닦고 조이고 기름을 칠해 자신이 원하는 모형으로 다듬으려고 노력한다. 공부도 그렇고 인성도 체형이나 외모도. 물론 여기에는 자신의 기준이 가장 중요하게 작용하지만, 더 포괄적으로는 사회적 기준에 의해 많이 좌우된다. 우리가 보이는 것에 좀 더 치중하는 까닭이다. 그런데 만약 자기 내면이 뒤틀린 상태라면 어떨까.

우리가 조각상을 만들 때를 생각해 보자. 먼저 철사로 뼈대를 만들고 그 위에 노끈을 감거나 종이를 덧대고 찰흙으로 감싸 볼륨을 표현해 준다. 자신이 원하는 동작을 만들고 작품의 완성도를 높이기 위해서 가장 중요한 것은 뼈대 작업이다. 발차기 동작을 표현하고 싶은데 두 발을 땅에 딛고 선 뼈대를 세운다면 아무리 해도 자신이 원하는 모양을 절대 빚을 수 없다. 만약 뼈대를 그대로 두고 찰흙으로만 들어 올린 다리를 표현한다면 이내 금이 가고 무너져 내리고 만다. 아무리 공들여도 가능하지 않은 일이 되고 마는 것이다. 결국, 자신이 원하는 대로 원하는 만큼 자기 생을 표현하고 싶다면 이에 맞는 올곧은 뼈대를 세워야 한다.

이제 칸트의 말로 넘어가 보자. 칸트는 인간의 본성을 뒤틀렸다고 풀이하며 그 상태로는 절대로 끌어낼 수 없는 곧은 것을 얘기했다. 즉, 내면이 뒤틀려 있으면 아무리 외형에 신경을 써도 바로 설 수 없다는 것이다. 앞에서 이야기한 조각상을 제작하는 방법을 떠올리면 쉽게 이해될 것이다. 내면은 뼈대이며 뼈대가 뒤틀렸기에 곧은 모양의 형상을 빚어낼 수 없는 것과 같다.

그렇다면 이제부터 자기 안에 구부러지고 뒤틀린 부분은 뭐가 있을까 돋보기를 들이대 보자. 어디에서 어떻게 잘못되었는지 알아야 자신이 스스로 바로 잡을 수 있다. 시간이 더 걸리더라도 자신이 원하는 결과를 얻기 위해 자신을 검토해보는 시간을 가져야 한다.

먼저 양심은 어떤가. 사람의 양심은 모두 똑같을 것 같지만 전혀 그렇지 않다. 강도와 밀도가 모두 다르다. 가장 친한 친구나 가족 한 사람과 비교해보면 알 수 있다. 상대는 아무런 죄책감을 느끼지 않는데 자신은 그것 때문에 잠을 못 이룰 수도 있다. 성격의 차이도 있겠지만 기본적으로 자기 내면의 이성이 느끼는 '양심'은 칸트가 말하는 인간의 도덕법칙이다.

모든 인간이 천편일률적인 양심의 잣대를 가질 순 없다. 자신의 가치관이나 의지에 따라 남들과 차이가 날 수 있다. 월등히 우월할 수도 있고 반대로 좀 무딘 양심을 가질 수도 있겠다. 다만 정상적인 인격을 가진 사람이라면 이것이 인류 보편적 이치에 맞아야 한다. 여기서 비뚤어진 양심은 결과적으로 자기 행동과 이어져 곧은 자아 성장을 보여줄 수 없다. 이 또한 하루아침에 형성되는 것이 아니기에 자신이 늘 점검하고 바로 세워야 한다. 자칫 질투나 시기, 경쟁으로 인해 자신도 모르는 사이에 뒤틀릴 수 있다.

다음으로 자격지심이다. 우리는 자신을 인식하기 시작하면서 상대와 비교하게 된다. 교육제도나 경쟁이 우리를 그런 환경에 내몰리게 했다. 그로 인해 자신도 모르게 남과 비교하게 된다. 특히나 자신이 잘하지 못한다는 것, 열악한 환경, 부족한 소질이나 사람을 이해하지 못하는 심리 등 부족한 부분에서 스스로 위축된다. 그 결과, 너무나 잘난 사람들만 사는 세상 같아서 사회에 반감이 생기고 사람들 사이에서 적응이 어렵다. 한 번 삐뚤어진 마음은 쉽게 바로 세워지지 않는다. 오히려 세상과 불협화음을 만들어내는 자신이 싫어진다. 좀 과장되게 말하면 이런 자신을 보고 '해도 안 되는 사람'이라고 단정지으며 자포자기한다.

이제는 상대주의 관점에서 벗어나자. 자신을 비뚤어지게 만드는 시선이다. 남을 보지 말고 자신을 더 들여다보며 비뚤어진 부분이 있다면 그 부분을 다시 바로 세워보자. 자기 의지로만 안 된다면 주위에 도움을 청하거나 전문가와 상담해도 좋다. 그들은 당신이 스스로 보지 못하고 있던 장점이나 잘하는 부분, 알지 못했던 소질을 발견해 줄 것이다. 그 장점을 살려 자신이 빚어내고 싶은 삶의 모습으로 뼈대를 구축하면 된다. 단, 뼈대를 만드는 건 나이 불문이다. 인생에서 늦었을 때란 없다지 않은가.

행복은 바로 여기, 지금 이 시간, 당신과 함께

> 행복의 원칙은 첫째, 어떤 일을 잘하는 것, 둘째 어떤 사람을 사랑하는 것, 셋째, 어떤 일에 희망을 품을 것이다.

해마다 발표되는 OECD 국가별 행복 지수를 보면 우리나라는 60개국 중 57위로 최하위다. 그리스, 모리셔스, 태국이 우리 아래에 있고 포르투갈이 바로 위 56위이다. 그나마 2022년 59위에서 2단계 오른 결과이다. 1위는 핀란드로 6년 연속 최고 순위를 기록 중이며 2위는 덴마크, 3위는 아이슬란드이다. 미국은 15위, 일본은 47위이다. 국민의 행복 지수는 14개 부분에서 조사되었는데 비즈니스와 경제, 시민 참여, 커뮤니케이션과 기술, 다양성, 교육과 가정, 감정, 환경과 에너지, 음식과 주거, 정부와 정치, 법과 질서, 건강, 종교와 윤리, 교통, 일 등이 세부 사항이다.

이 OECD에서 발표한 순위만 놓고 보면 과학과 문명이 앞서고

급진적 발전이 국민의 행복과 직결되지 않음을 알 수 있다. 그런데도 경제 선진국인 우리나라 국민의 행복 지수가 북유럽이나 북미 대륙의 나라들보다 낮은 것은 안타까운 일이다.

'행복'은 인류의 과제이자 개인의 과제이기도 하다. 그러므로 국가 차원의 행복 지수 말고 자신의 행복 지수도 따져봐야 한다. 항목도 의식주를 기본으로 경제력, 인간관계, 발전 가능성 등 자신이 행복하고 싶은 분야를 정해두고 점수를 매겨보자. 긍정적인 사람과 부정적인 사람의 차이는 있겠으나 자신을 더 잘 알 수 있는 계기가 된다. 여기서 칸트가 말한 행복의 원칙도 잊지 말고 적용해 보면 좋겠다.

첫째, 어떤 일을 잘하는 것이다.

이는 객관적으로 자기 능력을 판단해야 하지만 우리는 늘 성장 과정에 있으므로 '자신감'까지 포함해야 한다. 잘할 수 있다고 생각하고 도전하는 것은 자신이 무엇인가를 해내고 있다는 희열로 가슴이 뿌듯해진다. 이는 충만한 자기만족으로 그 어느 것으로도 대체 불가능한 행복이다. 이를 꼭 경험해 보기 바란다. 칸트도 철학 연구에서 이것을 느꼈기에 일생을 바쳐 자기 길을 가지 않았을까. 아직 일에 적응하지 못해 서툴다면 자신이 잘하는 일을 찾아

보자. 아침 일찍 일어나는 것, 잘 웃는 것, 타이핑 속도가 빠른 것도 가능하다. 거창한 일이 아니더라도 소소한 일에서 자신감을 찾고 확대해 나간다면 어떤 일이든 잘할 수 있게 된다.

둘째, 사랑하는 대상을 두는 것이다.

사랑은 감성을 풍부하게 만든다. 사랑하게 되면 자신의 시야에 들어오는 세상의 색이 달라 보인다. 그 대상으로 인해 일상에 즐거움이 더해지고 자신에게 주어진 것들에 감사하게 된다. 꼭 이성 간의 열렬한 사랑이 아니라도 우리가 사랑할 대상은 많다. 사람에 따라서 사랑의 모양이나 향도 달라서 그 대상을 사랑하면 충분히 행복에 젖을 수 있다. 사랑의 감정이 메마르면 자신의 일상도 답답하고 희뿌연 먼지만 가득 할 것이다. 무엇이든 사랑하기 겁이 난다면 사랑의 수위를 낮춰라. 일주일에 한 번 안부를 전하는 것만으로도 사랑을 전하고 받을 수 있다. 그러므로 사랑하기를 주저하지 말자.

셋째, 어떤 일에 희망을 품는 것이다.

미래를 상상할 때 밝은 빛이 쏟아지듯 가능성이 보인다면 열정이 샘솟는다. 꿈꾸는 일이 즐겁고 현재의 난관을 극복할 힘도 생겨난다. 그런데 우리는 먼저 불안에 떤다. '안 되면 어떡하지?', '성공할 수 있을까?', '한다고 되겠어?' 이처럼 자기 확신을 스스로 무너뜨린다. 이런 마음가짐으로 접근하면 될 일도 안 될 수밖에 없다. 불안한 마음으로 매달리는 일에는 소극적으로 임할 수밖에 없다. 그래서 포기도 쉽게 한다. 의구심이 드는 일에 전력 질주할 사람은 없다. 시작 단계에서 가졌던 열정도 힘없이 꺼진다. 그 결과는 뻔하다. 실패고 좌절이다. 이런 경험을 하고 싶지 않다면 자신이 계획하고 목표하는 일의 전망을 타진하고 희망의 빛을 비추어야 한다.

희망이 보여야 의욕이 살아난다. 잘 될 거라는 확신은 당신의 꿈을 춤추게 한다. 희망의 리듬에 맞춰 춤추는 자는 행복할 수밖에 없다. 이렇게 개인의 행복이 쌓이면 국민의 행복 지수는 저절로 올라가지 않을까.

'나만 아니면 돼'라는 무시무시한 방관자의 터널

인간은 다른 이들을 돕는 의무를 지고 있다.

먼저 스페인에서 발행된 《구멍에 빠진 아이》를 소개해야겠다. 이 책의 저자 조르디 시에라 이 파브라는 1947년 바르셀로나에서 태어나 인권과 환경, 평화를 위해 활발한 활동을 하는 사람이다. 작가 소개와 소개하려는 책의 제목을 연결해 생각해 보면 '구멍'의 의미를 조금 짐작할 수 있다.

어느 날 한 아이가 길을 가다 구멍에 빠졌다. 왜 거기에 그 구멍이 있었는지 모른다. 한적한 길이었고 그저 엄마와 별거 중인 아빠 집으로 가기 위해 힘없이 길을 걷고 있었던 것뿐이다. 당황한 아이는 구멍에서 빠져나오기 위해 애쓴다. 그런데 구멍이 줄어들면서 몸을 꽉 조였다. 혼자의 힘으로는 절대 빠져나올 수 없게 된 것이다.

아이는 지나가는 사람들에게 도움을 청한다. 지나는 경찰, 아이 엄마, 신부님, 군인, 기자는 구멍에 빠진 아이에게 관심을 보인다. 그러나 아이가 구멍에 빠져 있다는 사실은 알지만 직접 손을 내밀어 꺼내 주는 사람은 없다. 그저 소년을 바라보며 모두 자신이 왜 바쁜지, 무슨 일을 하고 있는지, 왜 그런 곳에 빠지게 된 것인지 잔소리하고 자기 상황을 이야기한다. 지금 아이가 처한 상황에서 자신이 해줄 수 있는 일이 무엇인지 고민하지 않는다. 인간의 이기적인 모습을 그대로 드러내는데 정작 본인은 자신의 이기심을 눈치채지 못한다. 상실에 빠진 아이에게 떠돌이 개 한 마리가 세상을 떠돌며 얻어들은 이야기를 들려준다.

"비슷한 사람들끼리만이 서로를 이해할 수 있단 말이야. 서로가 상대방보다 더 잘났다고 생각하면 이해할 수 없다고. 그게 인간들의 문제야."

해가 지자 아이는 앞에 나타난 거지 아저씨에게 도와달라고 하지만, 그는 구멍은 자신이 만든 것이기에 스스로 이겨내야 한다고 말한다. 어려움과 난관, 실의에 빠진 사람에게 얼마나 세상이 단호하고 냉담한지 보여주는 장면이다.

이 황당하고 독특한 이야기에 담긴 삶의 철학과 풍자를 보고 있으면 '다른 이를 돕는 것은 인간의 의무'라고 말한 칸트의 말이 무색해진다. 남의 불행에 함께 아파하기는커녕 자신이 그 대상이 아니라는 것을 다행으로 여긴다. 또한, 혹시나 자신이 그 일에 연루되는 건 아닌지 전전긍긍한다. 더욱이 시간과 감정, 물질적 손해까지 입을 수 있다면 절대로 남을 돕는 일에 나서지 않는다. 이런 생각들이 만연해질수록 우리는 주변 상황에 무감각해지고 자기 안에 이기심이 무성하게 자라게 된다.

그만큼 현대인들에게 남을 돕는 일은 '기꺼이 나서서 해야 할 일'이라는 개념에서 빠져 있다. 대신 '나부터 살고 보자.', '나만 아니면 돼.'라는 의식이 팽배해졌다. 게임이나 코미디의 소재로 자주 보이는 이러한 의식을 마냥 웃고 넘길 일은 아니다. 이런 의식이 우리 사회에 이기주의를 심고 자라게 하기 때문이다.

이런 생각이 머리에 똬리를 튼다면 칸트의 '인간론'을 생각해 보자. 남을 돕는 것이 어떤 의미인지, 남을 돕는 것을 의무라고 생각하는 사람들이 많아질수록 우리 사회가 어떤 모습으로 변할지, 당장 내가 도울 수 있는 사람은 누구인지.

사람을 돕는다는 건 '자기희생'이 아니다. 아름다운 세상을 만드는 길이고 더불어 잘 사는 세상을 가꾸는 길이다.

'대단해'라는 그 쉽고도 힘이 되는 한마디

도덕적 행동은 기대되는 결과와 관계없이 해야 하는 것이다.

칸트는 인간의 의지에 따라 두 가지 명령이 있다고 했다. 바로 '정언명령'과 '가언명령'이다. 먼저 정언명령은 우리의 행동이 어떤 목적이나 의도, 의무나 책임 없이 순수하게 본성으로 행해지는 것이다. 쉽게 말하면 우리가 '인간이라면….'이라고 할 때 기준으로 삼을 윤리가 여기에 해당한다. 반면, 가언명령은 어떤 의도나 목적을 가지고 수행하는 일이다. 여기에는 자신이 의욕 하는 대가가 있기에 자기 행위를 수단으로 삼아 목적을 이루려 한다.

어느 철학자는 가언명령을 기술적인 숙련의 규칙이거나 실용적인 영리함의 충고라고 해석했고, 정언명령은 윤리성의 법칙이라

풀이했다. 기술, 숙련, 규칙, 실용 등은 어떤 일을 성취하는 가치로 인정받을 조건이라는 것이다. 우리에게 유익을 주며 그 기술을 실행할수록 자신의 가치가 인정되는 보상이 결과로 이어진다. 대신 도덕적 행동의 정언명령은 윤리나 양심은 돈으로 환산될 수 없는 그 무엇이다. 누군가를 존경하는 마음이나 인간에 대한 예를 다하는 것, 다른 사람에게 피해 주는 행동을 하지 않는 것은 그 행동 자체로 자기 존재의 의미가 될 뿐이다. 여기에 만족이나 성취감과 연결 지어도 안 된다는 게 칸트의 생각이다.

우리는 행동에 대한 보상에 익숙해져 있다. 자기 행동의 대가로 보상받기를 원하고, 결과가 나오면 유형이나 무형의 소득이 있기를 바란다. 말로만 하는 인정이나 칭찬도 좋다. 만족과 뿌듯함 내지 성취감을 얻는다면 그 자체가 '보상'이 되기 때문이다.

그러나 솔직히 기대보다 적은 보상이나 대가가 따르면 실망스럽다. 기대가 크면 실망도 크지만 일이나 행동을 하기 전에 기대 심리가 먼저 작동하는 것은 어쩔 수 없다. 그만큼 행위에는 개인적인 노력이 필요하기 때문인데 수고가 들어간 만큼 보상받으면 행복해진다고 생각하는 것이다. 그러기에 일상에서는 보상이 따르는 가언명령 수행에 집중한다.

그럼에도 우리는 정언명령을 늘 인지하고 있어야 한다. 실천할 방법도 찾아야 한다. 일상에서 정언명령을 수행하기 어렵다는 사람에게 한 가지 제안하자면 '말'로 정언명령을 수행하는 건 어떨까 싶다. 칸트가 말하는 정언명령과 도덕법칙, 순수이성에는 의식과 의지도 포함된다. 이를 '말'로 실천하자는 것이다. 이건 대가나 보상을 받지 않아도 되는 온전히 선의로 행할 수 있는 일이다. 가령 '먼저 인사 건네기'는 그 어떤 수고가 들지 않는다. 습관이 되면 노력이나 품을 팔지 않아도 되기에 아무런 대가를 기대하지 않을 수 있다.

물론 이 또한 자신의 품을 팔아야 한다. 상대에게 관심과 배려심을 가져야 한다. 아파서 며칠 결근한 동료가 있다면 일이 밀려서 자신에게 넘어온 것을 탓하지 말고, 그가 출근하면 몸은 좀 어떤지 먼저 물어보는 것이다. 당신이 탈락한 그 공모전에서 상을 탄 친구가 있다면 기꺼이 축하해 주어야 한다. "대단해!"라는 이 한마디가 그리 어려운 일은 아니지 않은가.

잔뿌리 하나하나가 모여 거대한 나무를 지탱한다

우리는 스스로 개선함으로써 더 나은 세상을 만들 수 있다.

집 주변에 난 풀을 뽑았다. 두두둑, 풀뿌리가 움켜잡고 있던 흙에서 떨어지는 느낌이 손에 전해지는가 싶더니 너무나도 쉽게 뿌리를 드러냈다. 정체 모를 그 풀은 사전에서 찾아보니 애기똥풀이었다. 약으로도 쓰인다는데 굵직한 중심 뿌리에서 가느다란 줄기의 뿌리가 수십 개 뻗어 있고, 그 뿌리에 실처럼 가는 뿌리들이 붙어있었다. 그러니까 이 실오라기 같은 뿌리들까지 합세하여 이 풀 한 포기를 키워낸 것이다. 이유 없이 달린 것이 없으니 이것들 하나씩 끊어내면 결국, 이 애기똥풀은 존재하지 않을 것이다.

우리 사회도 이와 같다. 한 사람 한 사람이 모여 사회를 이루고 국가를 이룬다. 큰 틀에서 보면 개인과 개인이 모여 사회를 이루고 국가가 되고 세계가 된다. 그런데 우리는 이를 간과하고 자신이 얼마나 중요한지 잊고 산다. '나 하나쯤이야.'라는 인식이 삶의 기저에 깔려있다. 이것이 왜 문제인지는 젠가라는 게임을 보면 알 수 있다.

젠가는 보드게임의 한 종류로 세계에서 두 번째로 많이 팔리는 게임이라고 한다. 직육면체 나무토막을 기둥처럼 쌓아 한 사람씩 돌아가면서 나무토막을 하나씩 빼낸다. 그리고 그 빼낸 나무토막을 맨 위에 다시 얹는다. 어느 지점의 나무토막을 뺄지는 자신의 선택이다. 그러나 나무토막을 뺐을 때 기둥이 무너지면 진다. 그러므로 신중하게 선택해야 한다. 이 게임에서 처음에는 어떤 나무토막을 빼도 기둥은 쓰러지지 않는다. 어느 정도 구멍이 생겼을 때는 젠가 하나를 뺐을 뿐인데 기둥이 와르르 무너진다. 바로 이것이 한 사람의 역할이 얼마나 큰지 증명해 주고 있다. '나 한사람쯤이야.'라는 생각으로 사회에 여러 구멍을 만들고 결국 사회 전체의 질서가 또는 시스템이 무너지는 결과를 초래한다.

거리 화단이나 빈터를 보면 꼭 들고 다니다가 마신 음료 잔이 놓여 있다. 눈살을 찌푸리게 하는 이러한 현장은 절대 의식이 없는 사람이 하는 일이 아니다. 우리나라의 교육 수준은 세계 최고를 자랑한다. 그런데 쓰레기를 버리면 안 된다는 의식을 가지지 못한 사람은 주위에 상당하다. 손에 들고 다니기 불편하고 나 하나쯤 버린다고 해서 크게 문제 될 것 없다는 생각으로 주위를 두리번거리다 슬며시 내려놓은 것이다. 쓰레기 문제를 건드리려고 한 얘기는 아니다. 우리 의식의 문제를 제기하고 싶었을 뿐이다. 그리고 생각보다 사회에서 당신의 비중이 크다는 점을 이야기하고 싶다. 개개인이 깨어있는 사고의 바른 가치를 실현한다면 우리 사회는 밝아지고 아름다워진다는 것을 꼭 알아야 한다.

질서가 무너진 현장에는 '나 하나쯤이야.'라는 의식이 쓰레기처럼 쌓여있다. 나사 하나를 잘못 조이면 기차가 멈추고 다리가 무너진다. 그러기에 '나 하나'에 경각심을 가져야 한다. 잔뿌리들이 없으면 어떤 식물도 영양분을 충분히 흡수할 수 없다. 성장이 정상으로 이루어지지 않고 열매 맺지 못한다.

칸트는 자신이 스스로 개선의 의지를 보일 때 더 나은 세상을 만들 수 있다고 했다. 이 진리를 모르는 사람은 없다. 그렇다면 우리가 살고 미래 세대까지 이어지는 이 사회가 더 나아질 수 있도록 이제부터는 '나만이라도!'라는 개념을 장착하자. 나로 인해 달라지는 세상을 보는 일, 생각만으로도 흐뭇하지 않은가.

절대적인 진리를 유연하게 받아들이는 법

절대적 의무는 모든 상황에서 유지되어야 한다.

'절대', '의무', '모든' 같은 단어는 심리적 압박을 준다. 기독교 윤리관은 아무리 큰 죄를 지어도 하나님을 믿고 회개하면 천국에 갈 수 있다는 가능성을 열어두었는데 칸트의 말은 빠져나갈 구멍이 없어 보인다. 그러기에 이 '절대적 의무'는 후대의 철학자들에게 공격의 대상이 되었다. 만약 칸트가 살아있었다면 헤겔, 존 스튜어트 밀, 프리드리히 니체, 마사 누스바움 등과 격한 토론을 펼쳤을 것이다. 쉽게 자기주장을 굽히지 않는 칸트였으니 서로 자기 철학으로 설득하려다 결론을 내지 못하고 끝내 이 문제는 공론화 될지 모르겠다. 그렇다면 당신은 어느 쪽에 설 것인가.

후대 철학자들이 비판하는 칸트의 정언명령의 문제점을 보자. 우리 내면의 도덕법칙인 정언명령은 인간이 가져야 할 기본 원칙이다. 어떤 경우에도 변질될 수 없는 성질을 가졌다. 그런데도 현실의 삶에 적용하기는 어렵다.

먼저, 칸트의 정언명령, 순수이성, 도덕법칙은 도덕적 의무를 강조하기에 어떤 상황이나 어떠한 결과에도 정직하고 순수한 이성적 행동을 따라야 한다. 그러기에 결과적으로 자신에게 불리하거나 악재가 되어 돌아올 수도 있다. 사회적, 문화적 맥락을 무시한 절대 의무는 인간의 윤리에 맞지만, 현실에서 적용하기란 어렵다는 것이다. 예를 들어, 상대가 전혀 어울리지 않는 새 옷을 입고 "이 옷 어때?"라고 물어온다면 당신은 양심을 속이는 일 없이 솔직하게 "엉망이야!"라고 답해야 한다. 이 지점에서 흄은 칸트의 의무론적 윤리학을 비판했다.

다음으로 인간은 항상 자신을 목적으로 사용하라는 점이다. 인간을 수단으로 생각하면 안 된다. 자신에게 있는 자율성과 존엄성이 상대에게도 있으니 이를 언제나 염두에 두고 행동하라는 것이다. 분명히 맞는 말이다. 그러나 이 옳은 말도 너무나 억압적인 도덕법칙을 내세워 사람을 윤리적으로 옭아맨다는 비판이 따른다.

마지막으로 자율성의 원칙이다. 자기 내면의 순수한 명령을 자발적으로 따라야 한다. 다른 사람에게 같은 도덕의식을 강요해서도 안 되고 상대를 조종해서도 안 된다. 그도 자신의 자율적 의사에 따라 행동하는 것이고 그것이 옳다. 이는 절대적이므로 다른 대안이나 융통성을 허용하지 않는다. 실용적인 지혜나 배려, 상대적 관점에서 행하는 일들이 허용되지 않는 것이다.

이와 같은 칸트에 대한 비판은 현재에도 유효하다. 우리의 순수한 의도와 행동에 '절대'라는 의무조항이 붙으면 어렵게 느껴진다. 자연스럽지 못하고 자발적인 의사가 아닌 것처럼 되어 버린다. 그렇지만 이를 삶에 완벽하게 적용할 수 없다고 단정하지는 말자. 우리는 칸트의 순수이성에 의한 행동을 기본 개념으로 가지고 있어야 한다. 그리고 적용할 수 있는 최대한의 범위 안에서 그 가치를 추구해야 한다.

촛불의 심지처럼
곧은 의지로 세상을 밝혀라

자유로운 의지는 인간의 도덕적 행동의 기초이다.
도덕적 행동은 항상 일관성 있게 이루어져야 한다.

심지 없이 타는 촛불은 없다. 초는 자기 몸을 태워 공간을 밝힌다. 이를 누구는 희생으로 보고 어떤 이는 소신으로 본다. 어떤 이는 노력으로 보고 또 어떤 이는 혁신으로 본다. 촛불 하나에 이토록 많은 상징을 대입하는 것은 사람마다 보는 시각과 각도가 다르기 때문이다. 칸트의 이야기를 하기에 앞서 가벼운 마음으로 지혜에 관한 이야기 한 편을 소개하려고 한다.

옛날, 어느 부자에게 아들 셋이 있었다. 그는 가문의 대를 이를 상속자를 누구로 정할지 고민에 빠졌다. 큰아들은 용맹했고, 둘째는 착했으며 셋째는 부지런했다. 모두 큰 장점을 지니고 있기에

셋을 합친 아들 하나 있었으면 했지만, 완벽한 사람은 없으니 가당치 않은 희망이었다. 부자도 이를 알고 세 아들을 테스트하기로 한다. 세 아들에게 동전 한 잎씩 주고 저녁까지 방을 가득 채울 수 있는 것을 구해오라고 했다. 요즘의 아이들이라면 말도 안 된다며 따질 수도 있겠지만 부모의 말을 하늘처럼 여겼던 옛날에는 그에 따를 수밖에 없었다. 세 아들은 바로 고민에 빠졌다. 분명 아버지가 자신들을 테스트한다는 것도 알고 있었지만, 방을 채울 수 있는 뾰족한 방법이 없었다.

해가 뉘엿뉘엿 지는 저녁, 아버지는 세 아들을 불렀다. 그리고 구해온 것들 보여주라고 했다. 큰아들은 동전 한 잎을 주고 나무를 사 왔다. 그 나무는 방의 반도 못 채웠다. 둘째는 지푸라기를 사 왔다. 겨우 방의 반 정도 찼다. 셋째는 초 한 자루를 사 왔다. 부자는 의아해서 셋째 아들에게 물었다.

"이 초 한 자루로 어떻게 방을 채운단 말이냐?"

셋째 아들은 묵묵히 방에 들어가 초에 불을 붙였다. 그러자 어둡던 방안이 환해졌다. 빛으로 가득 찬 방안을 보면서 부자는 무릎을 쳤다.

그는 아들들에게 동전 한 잎을 줄 때부터 방을 가득 채울 수는 없다고, 그건 불가능하다고 여겼다. 그런데 무엇으로 어떻게 채울 것이냐 하는 부분에서 돈으로 살 수 없는 '빛'은 생각지 못했다. 부자는 후계자로 셋째 아들을 낙점했다.

칸트의 도덕적 행동의 일관성을 '초'에 비유해 보자. 심지는 '마음에 품은 의지'를 나타낸다. 초의 심지는 불이 붙는 줄이다. 자신에게 '순수이성'의 자유의지가 있더라도 이는 심지처럼 초지일관初志一貫이어야 한다. 개인적인 상황이나 형편, 때와 장소에 따라 바뀌지 않는다. 이 심지에 불이 붙으면 자신은 타오르게 된다. 자신의 목적이든, 정언명령이든 그 불꽃으로 세상을 밝힌다. 많은 사람에게 영향을 줄 뿐만 아니라 자신의 역할로 세상을 바꾸는 일을 하게 된다.

칸트는 이렇게 자신을 태우는 과정에서 도덕적 행동에 일관성을 유지하라고 말한다. 자기 삶에서 심지를 태우듯 일과 행동, 관계와 일상에서 일관성을 가지고 굳은 의지로 행동하라는 것이다. 굳은 의지가 아니면 흔들리고 쉽게 의지가 소멸한다. 그만큼 자신의 영향력도 줄어든다.

누구나 마음만 먹으면 세상을 뒤집을 선무당이 된다

적은 것을 철저히 아는 것이 많은 것을 겉으로만 아는 것보다 낫다.

"선무당이 사람 잡는다."라는 속담이 있다. 선무당은 서툴고 미숙한 무당을 뜻하는 말로 '충분치 않은' 뜻으로 쓰인다. 즉, 깊이 있게 알지도 못하면서 아는 척하다가 일을 망친다거나, 어설프게 아는 것으로 모든 정황을 꿰뚫고 있는 것처럼 자기주장을 내세운다. 그로 인해 매우 위험하고 엉뚱한 결과를 초래할 수 있다.

"책을 한 권만 읽은 사람이 무섭다."라는 말과도 맥이 통한다. 이들은 그 책에 쓰인 하나의 진리에 모든 상황을 꿰어맞추며 다 아는 것처럼 행동한다. 단편적이고 편협한 시각으로 세상을 보지만 스스로 자각하지 못하고 통찰하고 있다고 착각한다. 자신의 배경지식이 책 한 권의 분량만큼 협소하고 빈약한데도 이를 알지 못한다. 그저 자신이 최고의 지식인이라고 자부한다.

물론 책 한 권이나 선무당은 비유적인 표현이다. 그만큼 깊이 있게 알지 못하는 것을 의미한다. 수박 겉핥기로 진정한 수박 맛을 알 수 있는 사람은 없다. 그러나 비슷한 의미로 속담이나 관용어구가 많은 까닭은 시대를 불문하고 얕은 지식으로 아는 척하는 사람이 많다는 뜻 아닐까. 더구나 요즘처럼 정보가 넘쳐나는 시대에는 많은 부분에서 겉의 일부만 알 수 있는 기회가 많다.

어렵게 공부하거나 산더미처럼 책을 쌓아놓고 읽지 않아도 전문가들의 채널만 구독해서 짧은 영상만 봐도 안다. 그들이 몇십 년에 걸쳐 공부한 지식을 단 수십 분의 시간 만에 해설해 주고 이해를 돕기 위해 자막이나 그래픽을 이용하여 설명해 주니 아무리 어려운 개념도 쉽게 이해된다. 우주과학 영상 몇 개만 섭렵하면 우주의 생성과 소멸, 작용을 알게 된다. 생물학, 역학, 공학, 정치, 경제원리, 고전 문학까지 모든 분야에서 콘텐츠화되어 시청을 기다리고 있다. 그래서 우리는 모두 선무당이 될 수 있다. 어디에서든 어떤 것이든 약간의 관심만 있다면 찾아보고 아는 척할 수 있다는 말이다.

그러나 문제는 아는 것에 얼마만큼 깊이가 있느냐가 중요하다. 그래야 소통과 공감이 가능해진다. 더불어 바른 판단과 가치관을 가지게 된다. 깊이 있게 알아갈수록 자신이 모르는 부분이 더 크게 보인다. 이에 지적 호기심이 생기고 자기 지식의 범주 밖의 문제에 관심 두게 된다. 혹시 자신이 잘못 이해하거나 틀리게 알고 있는 건 아닌지 다른 사람의 의견에 귀를 기울인다. 상대의 관점이나 지식의 방향에 주목하고 자신의 앎과 견주어 생각해 본다. 정확하게 알고 깊이 있게 알려는 의도이다. 그로 인해 자기 의견의 실수를 줄이고 도전하는 일에서 실패할 확률을 줄인다.

지위가 높은 사람이 선무당이거나 책 한 권 제대로 읽지 않은 사람일 때 문제는 심각해진다. 고집스럽게 자기의 얕은 지식을 관철하려고 하기 때문이다. 또한, 그들은 아는 게 별로 없어 응용할 경우의 수가 적어 주어진 것 외 다른 대안을 보지 못한다. 멀리 보고 깊이 생각할 수 없다는 말이다. 그로 인해 출발의 시점에서는 앞서갔을지라도 종국에는 뒤처지게 된다. 가까운 시일 내에 자신의 밑천이 고인 물웅덩이처럼 훤히 드러난다. 처음에는 보이는 것으로 자신의 우월함을 뽐낼 수 있지만, 시간이 지날수록 별 볼 일 없는 지식의 한계가 나타난다. 그로 인해 그동안 쌓은 신뢰까지 무너뜨리게 된다.

깊이 있는 지식을 취함으로써 보다 폭넓은 방향성을 가질 수 있다. 더 알고 싶은 지적 욕구가 생기고, 아는 척을 하기에는 자신의 지식이 턱없이 부족하다는 사실도 깨닫는다. 그로 인해 지적 욕구를 충족하기 위해 노력한다. 그만큼 세상이나 사람을 보는 눈에 격이 높아진다는 것이다. 모든 것은 얼마만큼 깊이 있게 아느냐에 달려 있다. 조금 안다면 좀 더 공부한 뒤 사람들 앞에서 입을 열기 바란다.

인간다움을 실천하는 사람이 주는 가르침을 배워라

> '선생'이란 다른 사람들에게 무언가 베푸는 것이 아니라
> 자신의 의무를 다하는 것이다.

사회에서 '선생'은 가르치는 의미로 통용되지 않는다. 적절한 호칭이 없을 때나 상대에게 예를 갖추어야 할 때 높여 부르는 말로 사용된다. 꼭 연장자에게 지칭하는 것도 아니어서 처음 만나는 상대나 집단 내에서 부르기에 적절하다고 본다. 예의와 격식을 갖추고 대하겠다는 마음가짐의 반영으로 보아도 무방하다. 그렇지만 그냥 '○○○ 선생'하는 것보다 '○○○ 선생님'이라고 불러야 더욱 정중해 보인다.

하지만 듣는 사람은 누군가 자신의 이름 뒤에 '선생님'이라고 붙인다면 부담스러울 수 있다. 선생의 일반화된 이미지 때문이지 않을까 싶다. 학교에서 학생을 가르치는 선생처럼 지식적으로 많이

알고 가르쳐줘야 할 것 같다. 말이나 행동에 모범이 되어야 할 것 같고 품위도 유지해야 할 것 같으며, 경제적으로도 조금 여유가 있어 음료값 정도는 계산해야 할 것 같은 느낌도 받는다. 그만큼 '선생'이라는 호칭에는 의무나 책임이 따른다는 사실을 은연중에도 인지하는 까닭이다.

그래서일까. 우리는 의무를 부담스러워한다. 숙제 하나 떠안은 것처럼 의무를 지고 있으면 막중한 책임감으로 행동에 제약이 따른다고 생각한다. 사회적 기준에서 보는 의무는 강제력이 있기 때문이다. 예를 들어 우리나라의 경우 국민 개개인이 보호하는 자녀에게 초등교육과 법률이 정하는 교육을 받게 할 의무가 있는데 만약 아이를 등교시키지 않는다면 부모가 처벌받는다. 국방의 의무나 납세의 의무도 마찬가지다. 이런 의무는 자유권보다 우위에 있으며 우선된다. 또한, 개인의 준법성을 판단하는 기준이 되기도 한다. 정치인을 뽑을 때나 임명할 때 이 의무는 필수적 점검 대상이 된다. 모두 지켜야 한다고 법으로 규정해 두었지만, 편법으로 의무를 다하지 않아 낙마한 사람도 여럿 있지 않은가.

칸트가 말하는 의무는 조금 다르다. 사회적 기준과 법질서가 만들어낸 의무가 아니다. 스스로 지켜가는 의무이자 인간으로 지키고 수행해야 할 도덕성이나 인간애를 발휘하는 것이다. 그러기에 통제받거나 구속력을 가지고 있지 않다. 강제성도 없다. 다만 자신을 스스로 통제하며 자신과 이웃, 사회를 위해 자기 역할과 책임을 다하는 것이 의무이다.

칸트도 늦게나마 교수로 생활했기에 교육의 현장에서 부르는 선생의 의미를 잘 알았다. 하지만 누구나 개개인이 '선생'의 칭호를 받을 수 있다고 생각했다. 누군가를 가르치는 직분이나 직위에 국한하지 않고 자신의 의무를 다하는 사람은 누군가의 본이 되고 상대에게 깨달음을 주기에 마땅히 '선생'이 될 수밖에 없다. 주위에 인사를 잘하는 동료가 있다고 해 보자. 그는 후배나 거래처, 상사, 만나는 누구에게든 환한 웃음으로 인사를 건넨다. 그로 인해 그의 주변은 늘 밝다. 이 모습을 보는 당신은 어떤 생각을 하게 되는가. '나도 저렇게 인사하고 싶다.' 아니면 '인사 하나만으로도 분위기가 달라질 수 있구나.' 하고 깨닫는다. 그리고 혼자 있는 시간에 웃는 연습을 하거나 더 나아가 인사하는 연습을 할지 모른다. 왜 아니겠는가. 당신이 좋다고 이미 느꼈는데 좋은 물건 탐하듯 다른 사람의 좋은 모습은 따라 하고 싶은 게 인지상정 아닌가.

크나큰 가르침을 주어야 선생이 되는 건 아니다. 작고 소소하지만 자기 행동의 변화를 가져다주는 사람이 있다면 그가 바로 당신의 '선생'이 된다. 배우고 싶다면 만나는 사람에게서 좋은 모습을 발견하려고 노력하게 된다. 나쁜 점은 배울 필요가 없으니 안 본 것으로 하거나 눈에 담지 말자. 대신 그가 인간으로서 얼마나 아름다운 모습을 보이는지, 어떻게 최선을 다하는지에 집중해 관찰하자. 어린아이에게도 배울 점이 있다고 하지 않던가.

제5장 합리적 사고를 위하여

I was happy to meet Kant today

'이치에 맞는 삶'을 살고 있냐고 물으면
대부분 '자신만은' 그렇다고 대답한다.
그러면서 타인의 행동이나 의견, 주장에 격분한다.
각자의 생각을 들어보면 논리와 이성적 판단이
뒷받침되고 있다는 사실도 안다. 그런데 왜 이런 대립이 이루어질까.
도대체 합리적 사고는 무엇인가.

부의 비결은 재산의 소유가 아닌 재능의 발휘

소유한 것이 아니라
자신이 할 수 있는 것으로 부자가 된다.

자본주의 사회에서 부자의 개념은 '많이 가진 자'를 지칭하는 말이다. 돈이든 땅이든 자산 가치로 평가받는 것이 많을수록 부자라는 꼬리표를 단다. 여기에는 좋은 집은 물론이고 좋은 차, 명품 옷이나 신발, 가방 등 소비되는 품목도 타인에게 '부자'임을 보여주는 대상이 된다.

부자들의 일상이 언론이나 여러 채널에 소개될 때마다 '나도 저렇게 살고 싶다.'라는 마음이 솟구치며 부자의 삶을 동경하게 된다. 그들이 소유한 넓은 집에 세련된 실내장식, 집안을 장식한 소품들까지. 누가 봐도 '부자'임이 증명되는 것들을 가지고 있으며 누리고 있다. 그러니 '소유한 것', 즉 '내가 가진 것'이 자신의 부를 측정하는 도구가 된다고 생각한다.

이러한 마음가짐은 상대에 대한 '나'의 평가 기준이 된다. 그가 얼마나 부자인지 가진 것으로 가늠하는 것이다. 많이 가졌고, 대단한 것을 가졌고, 모든 사람이 선망하는 것을 많이 가졌다면 조금의 망설임도 없이 그를 '부자'라고 인정한다. 그렇다면 그는 어떻게 부자가 되었을까.

부의 대물림이 아니라면 분명 어떤 행위에 근거해 부자가 되었다. 일확천금을 가져다주는 로또 당첨도 복권을 사기 위해 발걸음을 옮겨야 가능하지 않은가. 그러므로 부자가 되기 위한 모든 기초 작업은 그가 '할 수 있는 것'에서 시작된다. 다른 말로 '가능성'이다. 바로 자신의 가능성을 발견하는 것이 부자로 가는 첫걸음이다. 이 가능성에는 남들보다 탁월한 기술, 지식, 정보, 재능, 역할, 아이디어 같은 것들이 포함된다. 자신의 열정을 불태우며 도전하는 부분에서 능력이 발휘되고 자신의 가능성이 꽃핀다. 조금 부족하다 싶으면 훈련이나 연마로 실력을 다지고 능력치를 끌어올릴 수 있다.

자신을 객관적인 시각으로 바라보며 '할 수 있는' 가능성을 타진해 보자. 다만, 자신을 상대적 관점에서 평가해서는 안 된다. 상대가 혹은 남들이 아무리 뛰어나도 그것은 결코 자신의 것이 될 수 없다. 그에게 배울 수는 있지만 전이될 수 없으며 빼앗아 올 수 있는 것도 아니다. 타고나지 못했다고 원망할 필요도 없다. 소질을 타고났어도 그대로 자기 안에서 사장되는 경우는 비일비재하다.

그러니 자기 안에 재능이 없음을 탓하지 말고 차라리 조금이라도 관심이 가거나 해 보고 싶은 일을 찾아 시도해 보는 게 낫다. '나는 못 해.', '내가 어떻게 그 일을 해?'라는 자기 검증으로 시간을 허비하지 말자. 어차피 못하게 된다면 그때 물러서도 된다. 대신 작정하고 덤벼보는 것이 더 나을 수 있다. 누구나 처음은 있다. 시작부터 완벽할 수는 없다.

'가능성'의 문은 자신이 열어야 한다. 이미 할 수 있다고 가만히 앉아서 문이 열리기만 기다린다면 그 가능성은 갇혀버린다. 문을 열고 나가면 불가피하게 경쟁자를 만난다. 그렇다고 고개 숙이지 말자. 위축된 채 돌아서 문에 자물쇠를 채워서도 안 된다. 할 일을 찾았거든 두려움을 안고서도 첫발을 떼야 한다.

역량이 많든 적든 '할 수 있는 것', '해 보고 싶은 것'은 당신이 가진 자산이다. 소유한 것은 잃어버릴 수 있지만 '할 수 있는 일'은 절대 잃어버리지 못한다. 남이 침범할 수도 없는 자기만의 유일한 도구가 된다. 그것으로 인해 당신은 그 누구와도 대체 불가능한 존재가 된다.

'부자'라는 개념은 경제적 가치로 환산되는 것만이 아니다. 정서적 부자도 간과해서는 안 된다. 치열한 삶, 경쟁에 내몰린 삶의 격을 높일 수 있는 중요한 요소도 많다. 지금 당장 음악을 한 곡 틀어도 좋다. 마음의 부자가 되는 길이다. 지친 자신을 스스로 위로할 힘을 가진 '부자'의 삶은 근사하다.

아무리 기를 써도 자신이 아는 만큼만 보이고 들린다

내용 없는 생각은 공허하고
개념 없는 직관은 맹목이다.

사건과 사고가 많은 요즘이다. 좁게는 개인적인 일상의 문제부터 넓게는 국내 사회, 정치적 이슈까지. 더 광범위하게는 세계적 상황이나 쟁점까지 우리 생활에 직간접적으로 영향을 준다. 역사적 흐름에 관심을 끄고 살고 싶지만, 지구촌 어딘가에서 벌어진 전쟁이 유가에 영향을 주어 내 지갑에 타격을 주고, 국가 경제나 기업 활동에 제한을 불러오기에 관심 밖으로 밀어낼 수도 없다. 자기 일에만 충실하고 주어진 환경과 조건에 만족하며 유유자적 살고 싶지만 이조차 자기 마음대로 할 수 없는 시대가 되고 말았다. 그렇다고 사람들에게 휩쓸려 살 수도 없다.

이럴 때일수록 시류에 휩쓸리지 말고 자신의 주관이나 관점, 가치관을 확고히 가져야 한다. 자신에게 영향을 주는 이러한 현상을 어떻게 바라볼 것인지, 어떻게 평가하고, 어떤 위치에서 어떻게 행동해야 하는지 알아야 현명하게 대처할 수 있다. 긍정하고 수용하는 사건에 대해 왜 그런지 이유가 분명해야 하며 그것이 주는 효과나 그로 인해 유발되는 결과까지 생각하며 결정을 내려야 한다. 예를 들어 에너지에 관한 문제가 정치적 이슈라고 해보자. 폐기물, 오염수, 전력 부족, 미래 세대 등 자신의 일상과 거리가 멀게 느껴진다. 당장 눈앞에 쌓인 업무와 부담되는 걱정거리가 한둘이 아닌데 여기에 신경 쓸 여력이 없다. 그래서 관련된 사람들이 잘하겠지 하며 관심을 두지 않는다. 무엇이 문제이고 어떻게 하는 것이 미래와 지구를 위한 일인지 생각해 보지 않는 것이다. 그로 인해 이 문제에 관한한 자기 관점 없는 사람이 되고 만다. 누군가 의견을 묻는다면 "내가 그렇게 한가해 보여?"라고 반문하지 않을까. 최소한 자신은 바빠서 지금 그것까지 생각할 겨를이 없다고 핑계대고 싶으니까.

이래서는 안 된다. 어떤 문제든 오늘의 현실을 살아가고 있다면 모든 이슈와 정책에서 비껴갈 수 없다. 사회를 구성하고 있는 한 명의 주축이 바로 '나'이기 때문이다.

비판적인 견해의 사건에도 분명하고 확실한 태도와 인식이 뒷받침되어야 한다. 언론이나 대중의 선동, 심리 유도에 휘말리면 자기 삶의 방향성이 흔들린다. 칸트는 사회 구성원의 존재로 살아갈 때 이러한 점을 우려했다. 만약, 그의 우려대로 '내용 없는 생각'과 '개념 없는 직관'에 의해 좌우된다면 가볍고도 자기중심 없는 사람이 되는 것 말이다.

아무것도 없이 텅 비거나 실속 없는 헛된 생각은 오랜 시간을 투자해 깊은 사고의 끝에 이르러도 자기 행동의 동력을 마련하지 못한다. 추상적이며 모호해서 자기 설 자리를 잃게 만든다. 자신이 본대로만 믿는 직관도 현상만 보게 되어 왜 그런지 원인까지 가닿지 못한다. 심사숙고할 지식이나 정보의 기반이 충분하지 않기에 정확한 사리를 판단할 수 없다. 이런 사람들이 자신의 무지나 무념을 인정하지 못하면 엄청난 사회적 파장을 일으키는 요인이 되기도 한다.

그렇다면 칸트의 우려와 반대로 '내용 있는 생각'과 '개념 있는 직관'은 어떻게 갖춰지게 될까. 매우 어려운 지점이지만 일상에서 터득할 방법도 많다. 경험에서 우러나오는 후험적後驗的 감성을 키우는 것이다. 사랑하는 사람을 떠나보내 본 사람이 이별 후 남겨진 이의 고통을 이해할 수 있는 법이다. 그러나 안타깝게도 모든 감정과 정서, 감성을 두루 섭렵하기는 어렵다. 무식해서 모르는 것이 아니라 경험 부족으로 무지해서 알 수 없는 것이다.

이에 대한 대안으로 '독서'를 추천한다. 장르와 분야에 관계없이 책에는 더 넓은 세상과 다양한 사람이 들어있다. 인류의 역사가 걸어온 사건은 물론이고 사회적 배경이나 인간의 심리까지 통찰할 수 있다. 또한, 소설이나 문학 장르는 사회적 약자나 인간의 심리, 인간관계나 내면의 갈등까지 담아내 한 사람의 존재를 이해하는 데 도움을 준다. 더 나아가 논픽션 책들은 각 분야의 전문가들이 세계를 이루고 있는 현상이나 미래, 전망을 깊이 있게 담아내고 있다. 이러한 책들을 읽으면 생각이 많아지고 개념이 정리된다.

자신이 아는 만큼 세상은 보이고 소리가 들리는 법이다. 사회적 약자의 소리를 들어본 자들이 그 소리에 귀 기울일 수 있다. 기후 변화의 문제에 관심 있는 사람이 일회용 빨대 하나를 덜 사용한다. 자신에게 의견과 주장이 생기는 것은 자기 생각에 생명력을 불어넣는 길이다. 여기에 깊이를 더하자.

새로움이 발현되는 곳은 늘 있던 바로 그 자리

> 천재는 개념에 독립적으로 도달하고
> 이해하는 능력이다.

우리는 천재성에 환호한다. 아이가 태어나면 부모는 '엄마', '아빠'라는 말을 일찍 했다는 이유만으로도 아이에게 '천재' 기질이 있는 건 아닌지 타진한다. 단순 옹알이이지만 부모는 '내 아이 천재 아냐?'라며 즐거워한다. 그만큼 아이가 천재였으면 하는 부모의 기대와 바람이다.

사전을 찾아보면 천재는 '선천적으로 타고난, 남보다 훨씬 뛰어난 재주 또는 그런 재능을 가진 사람'을 일컫는다. 태어날 때부터 남달라야 한다는 점, 선천적으로 타고나야 한다는 점으로 따지는 유전학적 측면에서 보면 천재가 일반 부모에게서 태어나는 확률은 희박하다. 그런데도 우리가 천재를 꿈꾸는 것은 그들이 세상에 드러낸 두각이 남다르기 때문이다. 시대가 바뀌어도 타의 추종을 불허한다. 발명가 에디슨부터 음악적 천재 모차르트나 베토벤, 상대성 이론의 아인슈타인의 천재성이 끼친 영향력 아래 현대인들이 살고 있으니 말이다.

그렇다면 천재의 기질은 타고나는 것일까. 모두가 인정하는 천재 에디슨은 "1%의 영감과 99%의 노력으로 천재가 된다."라고 말했다. 겸손한 말 같으나 천재성을 타고났다 해도 두각을 나타내려면 자기 분야에 정진하지 않으면 안 된다. 노벨상 수상자들을 보자. 한 분야에서 몇십 년 연구하고 집중한 결과이다. 선천적 천재성의 발휘가 아니라 그들의 각고의 노력과 땀방울이 거둔 성과가 '천재성'으로 드러난 것이다.

칸트 또한, 천재는 자신이 이루어가는 거라고 했다. 그는《판단력 비판》에서 천재란 예술에 규칙을 부여하는 재능인데 자신이 가지고 있는 감성적 인지에 상상을 더해 자신의 것으로 창조해내는 능력이라고 말한다. 자기 경험에 지식과 사고가 더해져 창출해내는 무엇이 천재성으로 발현되는데 전혀 새로운, 이전까지 없었던, 누구도 생각하지 못했던 개념이 나오거나 관점이 제시되면 이는 천재적 발상이 된다. 예를 들어 누군가 사랑하는 딸의 모습을 그

림으로 그리고자 할 때 앞모습, 옆모습, 전신, 상반신 등 나름의 관점으로 담아내려 한다. 표정 또한 사랑스럽고 행복에 겨운 모습으로 그리지 않을까. 문제는 이러한 보편적 시각으로는 천재의 두각을 나타내지 못한다는 것이다. 자기만의 해석이 담겨 있다고 하지만, 자신만의 독창적인 사고와 남다르게 보는 시각이 빠져 있기 때문이다. 천재적 화가 피카소는 자기 딸을 어떻게 그렸는가. 그는 첫째 딸 마야를 그리면서 얼굴을 기형적으로 화폭에 담았다. 사랑하고 아끼는 딸이건만 '인형을 안고 있는 마야' 그림에 담은 모습에서 피카소를 궁핍과 전쟁의 고통에서 견디게 해준 순수함이나 밝음은 찾아볼 수 없다. 단정하고 예쁜 모습도 아니다. 비대칭으로 벌어진 눈, 한쪽으로 치우친 코, 정면을 향한 입 등 도무지 한 사람의 얼굴이라고 말하기 어려울 정도이다. 피카소에게 딸을 이렇게 그린 이유를 묻자 "사랑하는 딸의 모습을 모두 담아내고 싶었다."라고 말했다. 앞모습, 옆모습, 뒷모습 등. 어느 한 부분도 빠트리고 싶지 않은 아빠의 마음으로 딸이 인형을 가지고 노는 그 순간의 모습을 한 폭의 캔버스에 모두 담아낸 것이다. 그래서 이 그림을 보면 실제 그의 딸 마야가 움직이고 있는 듯한 착각에 빠지게 된다. 바로 이것이 '천재성'이다.

어떤 하나의 사건이나 현상을 자신만의 관점에서 독립적으로

도달하는 것, 남들이 어떻게 생각하는지 눈치 보지 않고 의견을 견주지 않고 먼저 자신이 생각해 보는 노력, 그리고 재해석하거나 다른 각도에서 보려는 시도가 자신을 천재로 만들어준다. 상상력의 발현이나 독창적이고 창의적 발상은 천재성의 첫 번째 항목이지만 타고난 것에 의존하지 않고 끊임없이 도전해야 한다.

새로움은 언제나 기존의 터전 위에서 피어난다. 어느 분야에서든 천재가 되고 싶다면 이미 일반화되고 보편적인 지식을 먼저 탐구해야 한다. 개념과 이론을 이해하고 자신의 것으로 소화해야 자신만의 독창적이고 유일한 아이디어가 착상된다. 전문적인 지식을 갖추지 못한 상태에서 상상만 꾀하고 기발함만 도모하면 엉뚱한 공상이 될 뿐이다.

유난은 당신만 떠는 게 아니다,
누구나 그렇다

우리의 생을 예리하게 느낄수록
삶을 더 많이 의식하게 된다.

오늘도 "5분만 더!"라고 외치다 허둥지둥 일어나 씻고 옷을 입었다. 어제 야근까지 했건만 완성되지 못한 보고서 때문에 밤잠도 설쳤다. 출근하자마자 할 일이 태산이다. 머리를 감으면서도 무엇을 먼저 해야 할지 생각했다. 헤어드라이어 소음을 들으면서 빨리 마르지 않는 머리카락을 원망한다. 빈속인데 음식이라는 게 들어가면 위를 긁어 내릴 것 같아 물 한 잔 마시지 못하고 허둥지둥 신발을 꿰찼다.

15층에서 엘리베이터가 내려오는 사이 신발 앞코를 바닥에 찧으며 바로 신는다. 휴대전화 SNS에는 밤새 온 메시지가 쌓여있다. 하나하나 올려보니 대학 동기들 단체 채팅방이 호들갑스럽다. 월

차에 휴가까지 쓰고 해외여행 간다는 친구들이 한둘이 아니다. 업무가 힘들기로 유명한 회사에 다니는데도 철철이 여행이며 취미 생활을 즐기는 녀석들이 부럽다. 순간 주말에 여행이나 갈까 생각해 본다. 그런데 돈도 없고 시간도 없고 피곤하다. 주말까지 나가서 뭘 해야 한다는 계획도 부담이다.

자동차 시동을 걸었는데 '아뿔싸!' 주유하라는 표시등이 뜬다. 시계를 보니 주유소까지 들렀다 가면 지각이다. 갈등. 대중교통을 이용해야지 싶은데 오늘 외부 일정이 잡혔다. "젠장 할! 뭐하나 쉽게 되는 게 없어."라는 욕지거리가 입에서 절로 나온다.

차를 끌고 나와 가까스로 지각을 면하고 출근했지만, 상사의 눈초리가 따갑다. 아니나 다를까. 보고서 재촉이다. 몇 날 며칠을 붙잡고 있냐고, 뭐하나 믿고 맡기겠냐고, 뭐가 문제냐고 묻는다. 자료가 늦게 넘어와서 그렇다고 하자, 자료를 빨리 받는 것도 '능력'이라고 한다. '아, 그래. 나 능력 안 되는 놈이다!'라고 소리치고 싶은 울분을 꾹 누르며 보고서를 작성해 넘겼다. 한숨 돌리며 다 식은 커피 한 모금을 들이켰다. 목구멍을 타고 꿀럭 넘어가는 커피가 위에 다다르기도 전에 거래처에 답 메일을 안 보낸 사실이 떠오른다. 서둘러 컵을 내려놓다가 덜컥 커피를 쏟았다. 커피가 책상 끝자락을 타고 흐르다가 바닥으로 쪼르르 떨어진다. 망연자실. 티슈를 뽑아 커피를 닦다 냅다 던져 버렸다. '아, 내 삶은 왜 이러냐.'

이 사례에 모두 비슷하게 경험했거나 부분부분 공감될 것이다. 보란 듯 사표를 써서 던질 기세에 직면했는지 모르겠다. 현재를 살아가는 우리 모두 비슷한 상황에 놓여 있다. 모양과 색깔만 다를 뿐 개인이 느끼는 삶의 버거움과 고충은 비슷하다. 살아가는 것 자체가 예리하고 날카로운 도구가 되어 찔러 댄다. 조금 편안하면 걱정을 안겨주고 조금 살만한 것 같으면 아픔을 가져다준다. 남들은 편히 사는 데 자신만 삶의 구렁텅이에서 허덕이는 것 같아 괴롭다. 진짜 그럴까.

칸트는 삶을 예민하게 받아들이기에 삶을 더 의식할 수밖에 없다고 말한다. 직접 살아내는 고통을 수반하기에 갈등과 번민, 분노와 좌절까지 본인이 짊어진 짐 아닌가. 그래서 찰리 채플린이 "인생은 멀리서 보면 희극이고 가까이서 보면 비극이다."라고 말을 했나 보다. 오늘, 이 시간을 살고 체감할수록 희극이면 얼마나 좋을까. 희망이 보이고 가능성으로 점철된 하루하루라면 더할 나위 없이 행복할 것이다.

분명 어떤 이는 그렇게 살고 있다. 어떻게 그게 가능할까 궁금해진다. 그 해답을 들춰보면 삶에서 한발 물러나 '무감각해지기'이다. '나만 이래.'가 아니라 '누구나 그래.'라고 생각해 보자. 삶을 대하는 태도에서 닿기만 해도 베일 듯 예민하게 날을 세우지 말자.

날렵한 날은 나를 베고 상대에게 상처를 입히고 하루를 엉망으로 만든다. 그렇게 되면 자신이 벼른 칼날에 자기 삶이 상처를 입는다. 그 대가는 치명적인데 행복이 바스러진다.

조금은 무딘 날로 하루를 다져보자. 하루를 살아야 할 피로가 조금은 덜어질 것이다. 채워지지 않는 욕구에 불만스러워하지 말고 시선을 들어 멀리 보자. 오늘만 살 것 아니지 않은가. 내일도 모레도 1년 후, 3년 후, 10년 후 앞날은 창창하다. 본인만 건강하고 의지만 있다면!

권력의 그늘막을 벗어나 오롯이 홀로서기

> 깨달음은 스스로 초래한 후견으로부터 해방되는 것이다.
> 후견은 다른 사람의 지시 없이
> 자신의 이해를 사용할 수 없는 인간의 무능력이다.

"내 말대로 해."라는 속뜻은 무엇인가. 자신은 이미 잘 알고 있으므로 자신이 지시한 그대로 수행하면 별 탈 없이 어쩌면 훨씬 좋은 방향으로 일이 진행될 수 있다는 의미이다. 그래서 우리는 무의식적으로 혹은 의도적으로 이렇게 말해 주는 사람을 믿고 따른다. 특히 조언해 준 사람이 자신보다 낫다, 더 많이 알고 있다, 더 풍부한 경험을 가지고 더 많은 일을 해냈다고 인정하는 위치에 있거나 능력을 소유하고 있다면 맹목적으로 따르게 된다. 혼자서 결정했을 때 오는 불안한 마음이 걷히고 저 사람처럼 잘 될 것 같다는 심리적 안정도 찾는다.

우리는 언제부터 그렇게 되었을까. 어쩌면 태어나면서부터가 아닐까. 권위와 경험을 가진 보호자에 의해 먹어도 돼, 뛰면 안 돼, 떠들면 안 돼, 나눠 먹어야 해, 인사를 잘해야 돼, 거긴 위험해, 친구를 잘 사귀어야 해, 공부해야 해, 좋은 직업을 가져야 해, 어떤 사람이랑 결혼해야 해 등 우리를 걱정하는 부모나 보호자의 영향 아래 숱하게 자신을 다스리는 말들을 들어왔다. 그 결과로 긍정의 측면에서는 조금은 안정적이고 더 나은 삶으로 향했다고 인정한다. 아니, 분명 그리되었을 것이다.

하지만 부정적 측면에서는 의존적 삶을 살게 되었을지도 모른다. 그래서 성인이 된 후에도 자신의 부족한 역량을 채워줄 누군가에게 의존하게 된다. '자기 확신', '자기 결정', '자기 의지'에 있어 불안해한다. 그래서 누군가 대신 결정해 주기를 바라고 이끌어 주기를 바란다. 그렇게 학습되어 자라왔기 때문이다. 주체적인 삶을 살아본 경험이 없는 사람일수록 '후견'의 영향권 아래로 들어간다. 책임을 회피하려는 의도이기도 하지만 자기 삶에 대한 소신이 부족하기 때문이기도 하다.

집단이나 사회에 속해 있으면 이러한 경향이 더욱 두드러진다. 다수의 의견이 옳다는 대중심리나 튀지 않겠다는 생각, 좋은 게 좋은 것, 자신에게 피해만 없으면 어떻게 되든 상관없다는 심리, 자신의 부족함이 노출되거나 위험에 내몰리기 싫은 판단의 작용으로 모순에도 침묵한다. 칸트는 이러한 모습을 자신은 의도하지 않았지만 자기 등 뒤에 있는 후견에 의탁하는 무능력을 보여주는 것이라고 했다.

칸트는 '계몽'을 정신적으로 어린 상태를 벗어나는 것이라고 했다. 이것은 아주 쉬운 일 같지만 어려운 일이다. 스스로 결정해야 하는 부담감과 결과에 절대적으로 책임져야 한다. 개인의 문제에서도 그렇지만 사회나 단체에서도 문제가 발견되면 이를 공론화하고 자기 의견을 피력해야 한다. 또한, 타인이 공론화시킨 문제에 대해서도 적극적으로 참여하여 자기 의견을 개진해야 한다. 수수방관하고 있다가는 불합리하고 억지스러운 결과를 얻게 될지도 모른다.

자신의 이성을 가치 있게 펼쳐내며 논리나 모순이 발견되면 인정하고 수정해 나가는 것, 이것이야말로 자기 삶을 주체적으로 사는 방법이다. 자기 의견에 확신이 서지 않는다면, 남들보다 부족하다면 하나하나 공부하고 알아가면 될 일이다. 누구나 시행착오는 겪는다. 조금 힘은 들겠지만 자기 정체성 없이 살아가는 것보다 훨씬 낫다.

경험은 사고와 판단의 탄력성을 높인다

이론 없는 경험은 맹목적이지만,
경험 없는 이론은 지적 유희에 불과하다.

'탁상공론'이라는 말을 중학생 때 처음 들었는데 이론과 현실이 다르다는 말에 충격을 받았었다. 국어사전에는 '현실성이 없는 허황한 이론이나 논의'라고 나오는데 선생님의 설명은 현실적이었다. 국가나 기관에서 어떤 정책을 정할 때 실제 경험해 보지 못한 학자들이 이론을 앞세워 우수한 제도를 만들지만 실제로 현장에 적용하려면 맞지 않고 이상적인 부분만 강조하여 헛된 논리만 풀어내는 것이라고 했다. 그러면서 "예를 들어 환경부 회의에서 환경오염은 자동차 배기가스가 원인입니다. 목적지 10km 이하는 무조건 걸어 다니는 법을 만들어야 합니다. 쓰레기를 줄이기 위해 무조건 일회용품 생산을 금지해야 합니다. 바로 이런 게 탁상공론

이야!"라고 말했다. 그때 선생님은 화가 나 있었다. 실제로 탁상공론의 피해를 본 것처럼.

칸트의 "경험 없는 이론은 지적 유희에 불과하다."라는 맥락과 일맥상통한다. 배고픔을 경험해 본 사람이 배고픈 사람의 심정을 헤아릴 수 있는 이치이다. 같은 어려움을 경험해 본 사람은 비슷한 고통을 당하는 사람을 위로할 수 있다. 아플 때, 시련 당했을 때, 낙오되었을 때, 실패했을 때 성경에 있는 한 구절보다 그 괴로움과 아픔을 겪어본 친구의 다독임이 더 위안과 힘이 된다. 경험하지 않고 '…할 것이다.'라는 개념으로 이해하려 하거나 '…지 않겠어?'라고 넘겨짚어 단정한다면 오만이다. 어떤 부분에서든지 어느 상황에서든지 삶을 바라보는 태도가 '지적 유희'에 그쳐서는 안 된다.

'이론 없는 경험'은 어떨까? 배경 지식 없이는 고급 정보를 손에 쥐어줘도 무용지물이 된다. 활용할 줄도 모르고 정보의 가치도 모른다. '아는 만큼 보이고 들리는 법'이다. 모르면 '손과 발이 고생'이라는 말도 있다. 안다는 것은 상황에 대한 이해이고 정확한 분석이다. 자신이 경험한 일에서 일어난 사고가 만들어내는 종합적 작용이다. 이를 토대로 이성적 판단과 정서적 감성의 조합이 앎으로 이끈다.

그러므로 관심 가는 분야의 공부를 주저해서는 안 된다. 그것을 배우고 익히는데 게으름을 피우지 말자. 나태하게 접근해서도 안 된다. 몰라서 자신이 더 힘들어질 수 있으며 아는 게 없어서 자신의 에너지가 낭비될 수 있다. 이는 인간관계나 자신의 목표, 성공을 꿈꾸는 직업, 학문적 성과, 개인적인 성취를 위해서도 필수적으로 수행해야 할 과제이다.

요즘처럼 정보 이용이 쉬운 문명의 발달에서 자기 코앞만 보고 고개를 들지 않는 사람이 많다. 모든 것을 알고 경험할 수는 없지만 스스로 어떤 관점을 가지기 위해 또한 가치관을 바르게 정립하기 위해, 여기에 더해 자기 사고를 올바르게 이끌기 위해 관련된 일에서 멀어지면 안 된다. 직접 대면하고 체험하고 몸소 느껴본다면 생각의 폭이 넓어질 것이다. 자신만의 견해를 가질 수 있으며 문제를 직시하여 옳은 해결 방안을 찾을 수 있다. 이전보다 당당하게 살기를 바라는 자신을 위하여!

욕구는 받아들이고 무한대로 부풀어 오르는 욕망은 잠재우자

> 도덕은 행복하게 만들어주는 요소가 아니라
> 자신을 행복에 합당하도록 만들어주는 요소다.

고대 그리스에는 재미있는 철학자 디오게네스가 있다. 그는 키니코스학파(견유학파)에 속하는 인물로 플라톤에 의해 '미친 소크라테스'로 불렸으며 스스로 자신을 '개'라고 칭하고 다녔다. 라파엘로가 그린 그림 '아테네 학당'에서 계단에 누워있는 사람이 바로 그다. 철학자 주변에는 제자나 학문적 가르침을 배우고자 하는 사람들이 모여있는데 술주정뱅이처럼 계단에 널브러져 있는 디오게네스에게는 단 한 명도 찾아오지 않았다.

그의 기행은 재미있는 일화를 많이 남겼다. 어느 날 일광욕을 하는 그를 찾아온 알렉산더 왕이 무엇이든지 원하는 것을 해결해 주겠다고 하자, 그는 "햇빛을 가리지 말아 주시오."라고 답했다. 또한 번은 크레타섬에 노예로 팔려 갔는데 노예상이 무엇을 잘하느냐고 묻자 "나는 지배하는 것을 잘한다."라고 답했다. 그리고 자신을 산 주인에게 "의사나 배 키잡이의 말에 복종하듯 자신에게 복종하라."라고 말했다는 이야기는 유명하다.

그런 그가 어느 날, 대낮에 램프를 들고 나섰다. 환한 대낮에 등불을 든 그 모습이 참으로 기이해 보였다. 더구나 그는 램프를 자신을 둘러싼 사람들에게 들이댔다. 이 사람 저 사람 얼굴에 등불을 비추며 자세히 들여다보기를 반복했다. 수군대는 사람들 틈에서 어떤 젊은이가 물었다.

"선생님 지금 뭐 하시는 겁니까?"

디오게네스는 젊은이를 노려보더니 답했다.

"사람을 찾고 있다네"

사람에 둘러싸여 있으면서 사람을 찾고 있다니. 그가 찾는 사람은 누구일까. 바로 '도덕적인 사람'이었다. 그는 삶의 신조를 '욕심 없이 살기, 이 순간에 만족하기, 아무것도 부끄러워하지 않기'로 정하고 실제로 커다란 항아리를 집으로 삼아 지냈다고 한다. 그러면서 인간이 인간 위에 군림하는 것, 사람이 사람을 무시하는 것, 욕망으로 뒤덮인 삶을 사는 것 등 인간으로서 살아가는 '도덕'에 위배 되는 행위를 비판했다.

그에게는 '행복한 삶'을 사는 것이 가장 쉬웠다. 자신의 욕구는 인정하되 욕망은 버리고 자연스러운 상태로 살아갔다. 사람이 쓸데없는 욕심을 버리면 얼마든지 행복하게 살 수 있다는 것이다. 그러면서 자연스러운 욕구는 부끄러운 것도 아니고, 보기 흉한 것도 아니기에 감출 필요 없다고 했다.

칸트와 디오게네스는 '도덕'을 사람이 살아가는 기본적인 윤리, 내면에 있는 원칙으로 보았다. 다만, 욕망을 앞세우거나 물질적, 보상적, 대응적 이치를 따지는 도덕이 아니다. 순수하게 자신의 선의지에서 나온 것이다.

윤리 '도덕'의 기준은 사람마다 다르다. 자라온 환경이나 교육에 영향을 받고 경험이나 관계에서 완성되는 내적 기준이기 때문이다. 어떤 사람은 고차원적일 수 있고 누군가는 단순하지만, 폭이 넓을 수도 있다. 어느 것이 더 낫다, 우월하다, 월등한 가치를 지녔다고 평가할 수 없다. 자신이 추구하고 발견한 삶의 가치를 기준으로 정해지기에 타인이 어떠한 문제 제기해서도 안 된다. 그 '도덕' 자체가 행복의 비결이기 때문이다.

칸트는 자기 내면에 켜진 '도덕'의 기준에 합당하게 살아갈 때 비로소 행복이 깃든다고 했다. 그러기에 행복하기 위해서는 끊임없이 도덕적인 삶을 추구해야 하는데 욕망이 이를 방해할 수 있으니 견제해야 한다. 자신이 추구하는 삶의 도덕보다 욕심이 앞설 때 행복은 뒷걸음치게 된다. 잘하고 있음에도 늘 부족하게 되고 분명히 나아가고 있음에도 불안해진다. 그러므로 앞서가는 욕망을 좇지 말자. 그보다 사람됨이 먼저이다. 디오게네스가 찾는 '사람'이 되어야 한다.

쉼을 주는 일상의 공백이 신선한 바람을 느끼게 한다

마음에 여유가 있을 때만
큰 아이디어가 떠오른다.

칸트는 독일의 쾨니히스베르크에서 태어나 이곳에서 죽을 때까지 100마일 이상 벗어나 산 적도, 여행을 다닌 적도 없다고 한다. 그는 대학교수 자리를 얻지 못해 마흔여섯 살까지 가정교사를 했는데 주당 평균 20시간씩 학생들을 가르쳤다. 그리고 남은 시간은 모두 윤리를 연구하는 데 썼다.

그런 그는 매일 똑같은 시간에 하루도 빠짐없이 산책을 즐겼다. 비가 오나 눈이 오나, 어떠한 조건에도 개의치 않고 산책하는 시간만큼은 꼭 지켰다. 마을 사람들은 그가 지나가는 모습을 보고 몇 시인지 알았다고 한다. 단, 루소가 쓴 《에밀 또는 교육에 관하여》를 읽는 며칠은 산책하지 못했다고 하니 칸트가 얼마나 정확하게 시간을 활용했는지 알 수 있다.

우리가 매일 똑같은 시간에 무엇인가를 해야 한다면 어떨까. 얼마 동안이나 그 일을 할 수 있을까. 정확하게 그 시간을 지킨다는 건 쉬운 일일까. 매일 똑같은 시간에 출근하는 걸 떠올려 보자. 매일 같은 시간에 등교해야 했던 학창 시절은 어떤가. 일주일 내내가 아닌 월요일에서 금요일까지인데도 같은 시간에 움직인다는 건 생각보다 힘들다. 밤늦게까지 공부하다 보면 아침에 일어나기 힘들다, 밤새 책을 봤다는 둥 핑계 삼을 건 많다. 아무리 책을 열심히 보는 사람이라도 칸트보다 더 열심히 집중해서 책을 보지는 않았을 거라고 확신한다. 그는 《순수이성비판》을 쓰기 위해 10년을 몰두했다. 그는 앉으나 서나 밥을 먹으나 잠을 자거나 계속 생각의 연속이었을 테고, 이를 정리하기 위해 쓰고 읽기를 반복했을 것이다.

일상에서 마음먹고 꾸준히 하려고 해도 매번 실패하고 지키지 못하는 것이 자신과의 약속이다. 그러다 보니 칸트의 의지와 실행력이 부러울 뿐이다. 부러움을 잠깐 접어두면 도대체 칸트를 왜 산책했을까 하는 의문이 든다. 아마도 지친 생각에 쉼을 주려는 의도가 아니었을까.

만약 당신이 직면한 문제에 사로잡혀 책상 앞에서만 골몰한다면 구덩이를 파고 들어가 앉아있는 꼴이 된다. 사고가 확장되지 못하고 생각이 차단된다는 말이다. 얄팍한 자기 경험과 지식에 갇히면 생각이 발전하지 못한다. 조급한 마음에 잠시 눈을 돌려 하늘을 보거나, 책을 보거나, 영화를 보거나, 친구를 만나 수다를 떨거나, 가까운 곳으로 드라이브를 가며 복잡한 생각에 산소를 공급할 수 없다. 그로 인해 잘못된 판단으로 결론에 이르는 경우가 허다하다.

지금 이러한 상황에 놓여 있는 당신에게 칸트가 조언한다. 마음의 여유를 가지라고. 당장은 시간을 허비하는 것 같지만 사고를 확장하는 길이며 생각에 새로운 바람을 불어넣어 신선한 사고를 끌어낼 수 있는 비결이다. 지금 자신이 하는 생각보다 더 나은 아이디어를 원한다면 과감히 고민을 접어두고 일상을 벗어나 보자. 처음 가보는 카페에 가 한 시간 동안 멍하니 앉아있어도 좋다. 당신의 머리를 쉬게 해야 한다. 업무나 과제, 사적인 고민 등 우리는 숱한 생각에 사로잡혀 산다. 이때 언제나 비슷하고 한정적인 자신의 사고에서 벗어나고 싶다면 먼저 여유를 찾자. 그것이 먼저다.

생각의 붓을 들어 세상의 도화지에 삶을 그려라

자신의 이성을 사용할 용기를 가져라.

어떤 말로 칭찬을 들었을 때 가장 기쁜지 생각해 보자. 짐작건대 남성, 여성 구분 없이 예쁘다는 말이나 멋지다, 준수하다, 아름답다, 대단하다, 잘한다 등의 표현들이지 않을까 싶다. 직업에 따라 칭찬의 말이 달라질 수도 있겠다. 서비스업에서는 '친절하다'라는 칭찬이 전문직에는 '실력 좋다'라는 인정을 최고의 칭찬으로 받아들일 것이다. 누구든 선의의 칭찬에 얼굴 붉힐 일은 없고 감정 상할 일도 없다. 더군다나 능력을 칭찬해 주는 말에는 자부심도 생기도 자존감이 한껏 올라가기도 한다. 이는 이성의 작용인가 감성의 작용인가. 이렇게 기분이 한껏 고조된 상태에서 일과 상대에 대한 평가는 어떻게 달라지는가.

칸트는 이성을 강조한다. 철학에서 이성은 어떤 대상을 직관적으로 인식하는 능력이며, 진위나 선악을 식별하여 바르게 판단하는 능력이다. 조금 풀어 보충한다면 옳고 그름을 판단하는 사고력이 되겠다. 합리적인 결과를 도출해내기 위해서 이성적 사고로 이성적 행동을 이끄는 것이다. 그로 인해 갈등은 줄고 결과 또한 만족스럽다.

이런 이성을 사용하기 위해서는 객관적이고 냉정한 시각이 필요하다. 기분에 좌우되거나 감성에 흔들리지 않는 생각의 작용이 있어야 한다는 말이다. 일이나 공부뿐 아니라 관계에서도 마찬가지다. 감성의 작용은 이성적 사고를 방해한다. 일이 하기 싫을 때를 생각해 보자. 하기 싫은 마음에 짜증이 앞서고 일해야만 하는 상황에 불만이 쌓인다. 그 결과는 불 보듯 뻔하다. 대충 처리하거나 실수를 범하게 된다. 사람을 만날 때도 마찬가지다. 좋아하는 사람을 만날 때는 상대방이 약속 시간에 늦어 한 시간을 기다리게 해도 기꺼이 시간을 낸다. 당신의 한 시간을 낭비했다는 생각이 안 든다. 하지만 억지로 만나야 하는 사람이거나 기분 좋은 상대가 아니라면 조금만 늦어도 불평을 늘어놓는다. 늦은 이유가 어찌 되었든 신뢰할 수 없는 사람으로 낙인찍는다.

자신의 의견이나 주장을 내세우는 자리에서도 그렇다. 논리가 뒷받침된 이성적 사고로 자신의 견해를 펼쳐가야 한다. 합리적인 의견이라도 이를 뒷받침할 만한 근거가 없으면 상대를 설득할 수 없다. 인식이나 의지의 이성적 사고를 일깨워주어야만 상대의 생각이 당신 의견으로 옮겨온다. 인간적인 면으로 사정하고 감정에 호소한들 서로 다른 감성 포인트를 가지고 있기에 받아들여지지 않는다. 그런데도 우리는 이성을 사용하기보다 너무 쉽게 감성을 끄집어낸다.

특히 반론을 당할 때 그렇다. 자신의 의견이 공격당한다는 생각에 감정적으로 대응하게 된다. 상대의 말에 쉽게 흥분해 화를 내거나 싸우기도 한다. 이렇게 감정이 앞서면 이성적 사고가 안 되기에 상대의 말을 논리적으로 해석하기 어렵다. 어느 부분이 옳은지 그른지 분석이 안 되기에 반박이 어렵다. 그리고는 자기 말만 옳다고 억지를 부리게 된다. 긴 시간의 대화에도 합의나 결론이 도출되지 못하는 것이다.

칸트는 이성을 감성, 오성悟性과 구별되는 더 높은 사고 능력이라고 했다. 일상에서 이를 잊어서는 안 된다. 감정적 대처는 오히려 어렵거나 나쁜 상황을 부른다. 좋을 때조차도 그릇된 판단을 할 우려가 크다. 나중에 이를 후회해도 결과를 되돌리기는 어렵다. 감정이나 감성보다 이성에 집중하고 사용할 용기를 내보자. 특히 자신과 친밀감이 있는 사람에게 적용하는 것도 나쁘지 않다.

무조건 내 편이니까 칭찬하기보다 이성적 판단으로 칭찬한다면 그의 성장에도 도움이 된다. 한마디의 칭찬에 일희일비하지 않고 더 나은 자신을 만들기 위해 노력할 것이다. 그것이 바로 이성의 힘이다.

상상만으로도 충만한 행복이 찾아온다

행복은 이성의 이상이 아니라 상상의 이상이다.

혼자 있을 때 가끔 '행복의 실체는?'이라고 질문을 해 본다. 언제 이런 생각이 드는지 돌아보면 인간관계가 복잡할 때이다. 일이 마음대로 진행되지 않거나 우울감에 기분이 가라앉을 때 그렇다. 그러니까 행복하지 않을 때. 행복할 때는 그 기분에 도취해 행복의 본질을 생각할 겨를이 없다. 굳이 행복이 무엇이냐고 묻지 않아도 행복하기 때문이다.

칸트는 이성으로는 행복에 도달할 수 없다고 말한다. 이성이 추구하는 최종 가치가 '행복'이 아니라는 뜻으로 들린다. 이성은 사리를 분별하고 객관적인 판단으로 진리에 파고들며 문제에 접근하기 때문이다. 그러기에 이성의 작용은 감정의 움직임보다 가시적인 반응이나 현실적인 상황에 집중한다. 기분이나 감정에 좌우되지 않으려고 애쓰며 한쪽으로 치우친 사고를 하지 않으려고 한다. 객관적이고 합리적인 이상을 추구하는 것이다.

최종적으로 100개의 계단을 올라야 하는 데 이제 10개의 계단을 올랐다고 만족해하지 않는다. 좋아할 수도 없다. 그 시간에 나머지 90개의 계단이 남아 있고 오르다 어찌 될지 모르는 상황에 대비해야 한다. 이제 10개 계단밖에 오르지 않았으므로 자신이 계획한 시간에 도달할 수 있을지 걱정한다. 잠깐 좋아하더라도 이성이 중심을 잡고 현실을 냉정하게 바라보도록 이끈다. 남들은 이 모습에 정신력이 강하다, 집념이 있다, 의지가 뚜렷한 사람이라고 칭찬한다. 자신의 성격이나 성향도 여기에 부합되면 금상첨화이다. 그들은 언제나 도전하고 미래를 향해 달린다.

그렇다면 행복은 어떻게 도달할 수 있는가. 칸트는 이에 대한 답으로 '상상'을 제시했다. 행복 자체가 상상의 이상이라는 것이다. '상상' 자체가 실제로 경험하지 않은 현상이나 사물을 마음으로 그려보는 일인데, 그러기에는 실체가 없다. 실체는 없으나 분명 존재하고 상상하는 사람에게 영향력을 발휘한다. 감정과 기분을 좌우하고 에너지와 행동의 계기, 동기를 마련해 준다.

인간에게는 이성보다 상상의 영역이 훨씬 더 크고 힘도 세다. 모든 이성 밖의 범위가 상상에 포함되기 때문이다. 조금 전, 계단 100개를 올라가야 하는 사람의 이성을 벗어나 보자. 그는 10개의 계단을 오르고 기쁨에 차오를 수 있다. 한 단계를 이루어냈다는 성취감을 느끼고 남은 계단도 가뿐히 오를 수 있다는 희망을 건다. 이 희망은 행복으로 치환되어 그에게 보이지 않는 힘을 준다. 그 힘의 실체는 근육도, 체력도, 지탱할 만한 도구도 아니다. 그저 상상 속 가능성이다. 그런데도 그 어떤 실체보다 더 강력한 에너지를 뿜어낸다. 이는 모든 상황과 일, 관계에서 작용한다.

우리에게는 숱한 감정 중에 행복이 있다. 누구도 행복을 거부하지 않는다. 행복을 원하고 행복을 좇는다. 그러나 행복은 그저 주어지지 않는다. 돈으로 살 수도 없고 남에게 빌릴 수도 없다. 오직 자신이 그려낼 때 가능하다. 현재 상황에서 자신이 행복하고 싶다면 이성적 시각에서 오는 시선에서 잠시 눈 감아보자. 판단과 분석을 잠깐 접어두고 지금 이 자리에서 행복한 이유를 떠올려 보자. 목표나 인간관계 어느 측면이든지 가능하다. 작고 소소한 일상이지만 나름 기분 좋았던 순간을 기억해 내자. 행복이 온전히 자기 것이 될 수 있다.

제6장

바라는 이상을 위하여

I was happy to meet Kant today

삶의 궁극적 목적은 이상을 좇아가는 것이다.
열정을 불태우고 노력을 아끼지 않으며 자신을 채찍질한다.
그러나 우리가 좇아갈수록 이상은 한 걸음 더 멀어져간다.
우리가 다가간 만큼 더 먼 이상을 바라는 추구하기 때문 아닐까.
바라고 원하는 '이상'에 대한 점검이 필요한 때다.

하기 싫으면 하지 않을 자유와 책임은 당신 몫이다

> 인간은 자유로운 존재여야 하며,
> 다른 사람에게 종속되어서는 안 된다.

어떤 사람이 출근하자마자 하루 내내 매달려도 일을 다 끝내지 못할 것 같다며 투덜거렸다. 그렇다고 그가 일을 못 하는 사람은 아니었다. 맡은 일에서 열심히 하고 동료와 사이도 좋았다. 그러나 늘 마지못해 일할 뿐이라고 말했다.

"어쩔 수 없잖아. 일해야 월급을 받는데. 먹고는 살아야지."

이 말을 들은 새로운 팀장이 말했다.

"하기 싫으면 하지 마."

그는 눈이 번쩍 뜨였다. 진짜로 안 해도 되냐고 묻고 또 물었다. 팀장은 안 해도 된다고 했다. "그럼 제 일은 누가 해요?"라고 그가 물었다.

"아무도 할 사람 없지."

팀장은 태연하게 얘기했다. 담당자가 안 하는데 누가 하겠냐며 그냥 놔두라고 했다. 그는 어안이 벙벙해졌다.

"그럼 안 되잖아요. 회사도 손해고, 회사가 이익을 못 내면 저는 회사에서…."

그는 말을 끝맺지 못했다. 팀장은 회사가 어떻게 되든 말든 무슨 상관이냐며 되려 물었다. 일을 하라는 말보다 더 어처구니없는 말이었다. 그는 '차라리 말을 말지.'라고 쩝쩝거리며 자기 자리로 돌아갔다.

"일을 하겠다는 거야?"

팀장이 다가와 물었다.

"어쩔 수 없잖아요."

그는 컴퓨터 전원 버튼을 누르고 자료를 펼쳤다.

"그럼 ○○○씨가 직접 일을 선택한 것이야. 누군가 하라고 시킨 게 아니라."

그는 "아니 회사에서 시킨…."이라고 소리치다 입을 다물었다. 팀장의 말대로라면 회사에서 시켰어도 자신이 안 하면 끝나는 문제였다. 그로 인해 자신의 일자리가 없어지는 그 선택에 대한 책임이었다. 팀장은 덧붙여 말했다.

"그 어떤 일에도 종속되지 말라고. 자신의 선택이 아니라면!"

그 말을 들음과 동시에 그는 희한하게 세상이 환해지는 느낌을 받았다. 이제껏 마지못해 어쩔 수 없이 자신이 속해 있으니 하는 일이라고 느꼈는데, 이것이 자신의 자유의지에 의한 선택이었다고 생각하니 일이 다르게 와닿았다. 같은 일인데, 똑같은 업무이고 업무량인데 순간에 관점에 따라 이렇게 달라질 수 있다는 게 믿기지 않았다.

왜 이런 현상이 일어난 걸까. 자기 선택에는 자신의 '자유에 의한 결정'이 내포되기 때문이다. 그러므로 '내가 스스로 결정한 일'이 된다. 이는 누군가 시켜서 하는 일, 내가 종속되어 있기에 어쩔 수 없이 하는 일과는 비교도 안 되게 즐겁다. 자유의지가 깃든 곳에 스미는 행복 같은 것이다.

관계에서도 마찬가지다. 자기 삶의 기로에서 방향을 정하거나 앞으로 나아갈 때 자신을 믿지 못한다. 경험도 부족하고 잘할 수 있다는 확신이 없기에 누군가에게 조언을 구한다. 어느 쪽으로 가야 할지, 어떻게 하는 게 현명한 결정인지 묻는다. 친구일 수도 있고 보호자나 인생 선배, 가르침을 준 사람 등 그 대상도 다양하다. 자신이 믿을 만한 사람을 찾는 것이다. 그러나 그들의 말에 맹목적으로 따라서는 안 된다. 조언을 새겨듣고 참고하되 결정과 선택, 판단은 스스로 해야 한다. 절대적으로 그들은 '나'가 아니다. 결과에 대한 책임도 '자신'이 져야 한다. 누군가의 말을 듣고 그대로 수행하다 보면 점점 자기 확신은 사라진다. 생각하는 감각조차 무뎌져 무조건 '나'는 틀리고 '상대가 옳다'라는 관점을 가지게 되어 종속된다. 그를 추종하고 믿고 따르는 것이다. 우리가 말하는 세뇌 당하는 거, 이성적으로는 '어떻게 그럴 수 있어?'라고 판단할 수 있지만, 거기에 종속된 사람들을 보자. 종교든 사람이든, 집단이든 생각보다 훨씬 많은 사람이 매달리고 있다. 거기에는 많이 배운 지식인들, 사회적으로 명망 있는 사람들도 다수 있다. 그들이 무식하고 멍청해서 거기에 종속되어버린 게 아니다. 판단력을 잃어버린 것이다.

아주 소소한 일상부터 자기 의지로 해나가자. 그 어느 것에 종속되었으니 억지로 한다는 느낌 없이 '자기 의지'로 선택하고 진행해 나가자. 결정은 하나이지만 길은 많다. 먼저 자신을 믿자.

무조건 희생만으로 평화는 유지되지 않는다

> 영원한 평화는 가능한 것이지만,
> 결코 현실적이지는 않다.

세계가 전쟁의 소용돌이에 휩싸여있다. 러시아와 우크라이나, 이스라엘과 팔레스타인의 전쟁으로 세계의 정세와 경제가 흔들리고 갈피를 잡지 못한다. 살상 무기의 사용으로 민간인의 사망과 부상은 또 어떤가. 그야말로 지구 전체가 혼돈의 도가니다.

어느 나라의 잘잘못을 따지기에 앞서 이들 나라 간 갈등은 오랜 역사를 되짚어 올라가야 한다. 갈등과 분쟁이 일어나지 않았던 평화적 순간에도 언제 터질지 모르는 시한폭탄을 껴안고 있었다는 말이다. 이러한 시한폭탄을 품고 있지 않은 나라는 없다. 우리나라만 해도 남과 북의 무력 충돌이 언제 일어날지 모르는 실정이고 중국이나 일본, 미국, 이란, 영국, 캐나다, 이탈리아 등 각 대륙을 넘어 그 어떤 나라도 영구적 평화를 장담할 수 없다. 자국의 이익을 위해서라면 언제 어디서 3차 세계대전이 발발할지 모른다.

그런데 언론에 비치는 세계 각국 정상회담을 보면 한결같이 동맹이나 연합, 협력체 구성을 말한다. 모두 자국의 이익을 위해 늑대의 이빨을 숨긴 채 모여 환담한다. 정상들이 한자리에 모여 찍은 사진들을 보자. 서로 믿지 못하는 불신이 발밑에 깔려있다. 평화의 현장에서조차 결코 평화롭다고 장담할 수 없다는 것이다.

우리가 사는 사회, 집단, 가정, 개인적 관계 또한 마찬가지다. 언론에 보도되는 폭력적인 상황은 '인간이 어떻게 저럴 수 있지?'라고 탄식하게 한다. 절친이라고 믿었던 친구의 배신은 우리를 우울하게 만든다. 자신의 모든 치부를 믿고 보였건만 그 상처를 후비는 인간의 잔인성을 경험하기도 한다. 혈연관계는 물론이고 부부간에도 마찬가지다. 언제나 갈등의 여지가 곳곳에 도사리고 있다.

그래서일까. 칸트는 단호하게 "영원한 평화는 현실적이지 않다."라고 말한다. 생각해 보면 그 말에 수긍이 간다. 몇 가지 이유 때문이다. 우리는 모두 '사고하는 인간'이다. 각자 자기 생각이 있게 마련이고 이 생각이 상대와 같을 수는 없다. 일시적으로 맞는 부분이 있다가도 이내 맞지 않고 엇갈리는 부분이 나타난다. 예를 들어 친구들과 여행 갈 장소를 정한다고 해 보자. 단둘이 가더라도 생각이 어긋난다. 자신은 산으로 가고 싶은데 친구는 바다로 가자고 한다. 백번 양보해 바다로 결정했다. 그러면 자신은 출발부터 그리 신나지 않는다. 그곳에 도착했는데 자신이 싫어하는 비까지 내린다면 불만은 더 생긴다. 꾹꾹 눌러 참지만 결국 점심 메뉴에서 터진다. 친구가 해물칼국수를 먹자고 하는 것이다. 자신이면 요리를 싫어한다는 것을 알면서도 바닷가에 왔으니 싱싱하고 시원한 해물 칼국수가 제격이라는 친구 말에 더욱 감정이 상하고 만다. 그래서 오는 내내 말 한마디도 안 하고 돌아왔다. 다시는 함께 여행 가지 않겠다고 다짐한다.

여행을 함께 가자는 의견에서는 의기투합(여기까지는 평화)했으나 이후 평화는 바다 건너가 버렸다. 이런 일은 우리 일상에 비일비재하다. 무조건 양보해야 평화가 이루어진다는 것도 어불성설이다. 양보로는 절대 평화를 일궈낼 수 없다. 대화나 타협의 방법으로 조율해야 한다.

우리에게 영원한 평화는 없다는 칸트의 말처럼 현실을 자각하고 평화를 위해 조율해야 한다. 각 국가 간 조율은 너무 거시적인 문제라 거론하기 어렵지만, 개인과 집단 간 갈등이나 분쟁은 얼마든지 평화를 유지할 수 있는 문제이다. 다만, 누군가 강압이나 폭력을 사용해 조율을 유도한다면 절대 평화를 얻어낼 수 없다. 그

때는 그 사람의 문제점을 짚어줘야 한다. 그는 자기 잘못을 인식하지 못한다. 그러기에 평화를 깨는 것이다.

서로에게 그 책임을 전가한들 더 나아지는 것도 없다. 감정만 악화되고 갈등의 폭만 깊어진다. 영원한 평화와 신뢰, 우정, 사랑을 바라지 말고 문제를 직시하고 해결점을 찾아가는 방안을 강구하자. 어찌보면 이것이 가장 영원한 평화로 가는 길이다.

용도가 분명한 그릇은 쓰임이 한정돼 있다

사물의 가치는 그 자체에 있다.

서양 철학자 칸트의 문장을 읽으며 동양 철학자 공자를 떠올린다. 군자불기君子不器라는 《논어》 〈위정편〉에 나오는 말 때문이다. 임금 군君, 아들 자子, 아니 불不, 그릇 기器를 쓰는 사자성어이니 이를 해석하면 "군자는 그릇이 아니다."라고 직역된다. 그릇의 의미가 무엇이기에 2,500년 전에 쓰인 공자의 말에서 군자를 그릇에 비유했을까.

우리는 종종 사람을 그릇에 빗대어 표현한다. "저 사람은 큰 그릇이야.", "저 사람은 큰 그릇이 못 돼.", "저 사람은 그릇이 너무 작아."라는 식으로 사람의 아량, 도량의 크기를 그릇의 크기로 나타낸다. 그러니까 다른 사람의 잘못을 얼마나 받아주는가, 다른 이의 실수를 얼마나 용인해 줄 수 있으며 사회의 통찰력은 얼마나 가지고 있는가를 그릇의 크기로 알려주는 것이다. 그렇다면 군자를 큰 그릇에 비유하면 될 텐데 그릇이 아니라는 공자 말의 속뜻은 무엇일까.

예전에는 그릇의 용도가 정해졌었다고 한다. 국그릇, 밥그릇, 탕 그릇, 생선 접시 등 지금도 비슷하게 밥그릇을 '공기'라고 하고 국그릇을 '대접'이라 부르며 그릇의 주 쓰임새가 지정되어 있다. 공자가 말하는 그릇은 이처럼 정해진 용도로 사용되는 것을 말한다. 즉, 군자는 그릇이 아니라는 말은 특정 분야에 한정되어 한 가지 일만 하는 것보다 두루두루 세상에 관심을 가지고 적극적으로 참여해야 한다는 것이다.

공자의 말과 칸트의 "사물의 가치는 그 자체에 있다."라는 말을 연결해 보자. 사물(그릇)의 가치는 무엇인가를 담아내는 데 쓰임이 있다. 무엇을 담고 있어야 비로소 그 용도가 주목받는다.

아주 비싸고 화려한 무늬의 도자기 찻잔이 어느 집 장식장에 진열된 것을 본 적 있다. 한 번도 사용된 적 없는 그 찻잔은 자기 역할을 잃고 유리 장식장 안에 엎어져 있었다. 찻잔의 주인은 영국 어느 브랜드라며 귀족들이 사용하던 도자기 회사 제품이라고 했다. 영국의 귀족들이 차를 마실 때 사용하여 유명해진 이 브랜드

찻잔이 그 역할을 잃어버렸다. 그로 인해 찻잔은 자신의 정체성이 혼란스러울 것이다.

우리 인간도 자신의 가치를 담고 있다. 80억 지구 인구 중 한 사람으로 당신을 대체할 그릇은 없다. 당신이 하나의 그릇이라고 할 때 우리는 이성을 가진 인간이므로 사용처도 자신이 정할 수 있다. 자신을 객관적이고 냉정하게 판단하여 사회 구성원의 한 사람으로 자신의 역할과 쓰임을 결정해야 한다. 공자가 군자는 그릇이 아니라고 했으니 이것저것 모두 담으려고 해서도 안 된다. 주 쓰임새는 정해두어야 한다. 그래야 자신이 혼란스럽지 않게 그 역할을 감당하며 탁월하게 잘하게 된다.

물론 칸트가 말하는 '사물'을 '그릇'으로 통칭統稱할 수는 없다. 여기서는 사람과 연결해 설명하고자 그릇을 가져왔을 뿐이다. 우리의 역할은 남에게 위로가 되어주는 의자나 소파가 될 수도 있고 누군가에게 길을 안내하는 등불이 될 수도 있다. 자신이 어떤 사물인지 비유해 보자. 그러면 세상에서 자신의 쓸모가 더욱 확실해진다. 그 쓸모에서 자신의 가치가 빛을 낸다. 이를 어떻게 치장할 것인가 고민하지 말고 자신의 역할에 충실할 수 있도록 자신을 재발견해나가자.

사람이 사람을 평가하는 것만큼 바보짓은 없다

> 우리는 대화를 통해 상호 이해를 하고, 이를 통해 세상을 이해한다.

하루에 몇 사람을 스치고 만날까. 대화를 나누는 사람은? 우리의 일상은 사람과 사람의 관계에서 시작하고 끝난다. 스스로 느끼지 못할 만큼 많은 사람을 만난다. 눈을 마주치며 이야기하는 사람도 다수다. 우리는 그들을 어떤 마음으로 대하고 만나야 할까.

정현종 시인의 '방문객'이라는 시가 있다.

한 사람이 온다는 건

실은 어마어마한 일이다

그는

그의 과거와

현재와

그리고

그의 미래와 함께 오기 때문이다

한 사람의 일생이 오기 때문이다

부서지기 쉬운

그래서 부서지기도 했을

마음이 오는 것이다-그 갈피를

아마 바람은 더듬어볼 수 있을

마음,

내 마음이 그런 마음을 흉내낸다면

필경 환대가 될 것이다.

이 시를 음미하다 보면 지금 곁에 있는 한 사람이 얼마나 귀한 존재인지 알게 된다. 시를 그냥 글로만 읽었다면 다시 한번 시가 전해 주는 의미를 생각하면서 읽어보기를 권한다.

처음 누군가를 만날 때 우리는 그의 옷차림이나 인상에서 '저 사람은 어떨 것'이라는 선입견을 품는다. 인상이 차갑다거나 순해 보인다, 쌀쌀맞아 보인다거나 친절하다 등 상대의 성품까지 진단한다. 또한, 상대가 입고 있는 옷이나 미리 확인된 정보로 상대를 파악한다. 자신보다 돈이 많아 보이거나 좋은 학벌에 사회적 위치가 높으면 괜히 위축되기도 한다. 이런 상태에서는 대화가 잘 이루어질 리 없다. 경직된 상태에서는 마음이 열어지지 않고 자신을 포장하기에 바쁘다. 그로 인해 진심을 전달하기 어렵다. 물론 거래 관계에 있거나 업무적 상황만 전달해야 하는 경우라면 어쩔 수 없는 대화의 방법이기도 하다.

인간에게 '대화'는 소통의 창구이다. 자기 의사나 의중을 가장 잘 표현할 수 있는 도구로 말에는 자신의 역사가 담긴다. 자신의 관점과 지적 사고 능력까지 말하는 순간 낱낱이 드러난다. 어휘나 구사되는 문장으로 자신의 성격과 인품까지 내보인다. 자신을 드러내고 싶지 않은 곳에 가면 말을 삼가는 이유도 여기에 있다.

상대가 누구든 그는 내가 경험해 보지 못한 환경에서 보고 듣고 체험하며 자신만의 관점을 키워온 사람이다. 나와는 다른 사고로 세상을 보고 있을지 모르며 비슷한 관점과 가치관을 가졌더라도 서로 꿈꾸는 비전이 다를 수 있다. 그가 왜 그런 생각을 하게 되었는지 들으면 직접 경험해 보지 않아도 생생한 현장을 알 수 있다. 그러므로 대화를 통해 타인을 이해하는 폭이 넓어질 수밖에 없다. 실례로 어느 지방에서 농사짓는 사람을 만나 인터뷰를 한 적이 있다. 50대 젊은 농군이었는데 그는 농업에 굉장한 자부심을 지니고 있어 존경스러웠다. 우리나라 농촌의 미래를 설계해 본다는 그는 흙의 소중함을 한 시간 이상 들려주었다. 현장에 있던 사람들 모두 설득당해 농부를 꿈꾸었을 정도였다. 그런데 알고 보니 그는 대학교수까지 지낸 공학박사였다. 그랬던 그가 어떤 작물에 끌려 농업인의 길로 들어서게 되었고 10년이 넘게 매달리고 있단다.

현재의 모습만 보고 섣부른 판단으로 상대를 재단하지 말자. 어떤 사람이라도 다른 경험을 가진 특별한 존재이다. 이런 마음으로 상대를 대한다면 서로 존중하는 마음이 싹터 아름다운 세상이 되지 않을까. 사람이 아름다운, 우리가 바라는 세상 말이다.

자신의 위풍당당함은 지식에서 나온다

지성은 용기 있는 결정을 내리는 데 필요하다.

"아는 것이 힘이다!"라는 속담 속 '힘'과 칸트가 말하는 '지성'은 맥이 통한다. 지식이 자유를 선물한다는 칸트의 말과도 그 흐름을 같이 한다. 그렇다면 우리는 얼마만큼 지식을 쌓아야 하는가. 얕게 많이 알아야 할까, 깊게 조금 알아야 할까. 깊게 많이 아는 것이 더할 나위 없이 좋겠지만 누구나 해낼 수 있는 일은 아니다.

어느 고등학교 국어 선생님을 만났다. 그는 자리에 앉자마자 한숨을 내쉬었다. 이번 시험에서 아이들 점수가 형편없이 나왔다는 것이다. 원인은 아이들이 문제 자체를 이해하지 못한 데 있었다면서 문해력, 어휘력, 이해력이 떨어져 문항을 독해하지 못하고 문제의 의도를 파악해 내지 못한다면서 어떻게 가르쳐야 할지 모르겠다고 하소연했다. 믿기지 않는 말이었다. 우리나라 고등학생이라면 세계에서 공부량이 가장 많기로 소문났는데 문장을 이해하지 못한다는 말을 어떻게 이해할 수 있을까. 며칠 뒤, 어느 기업의 교육팀장을 만났다. 그도 비슷한 말을 했는데 교육할 때 하나부터 열까지 모두 알려줘야 비로소 하나 알아듣는다고 했다. 그러면서 좋은 학교 나오고 스펙도 좋은 데 왜 그런지 모르겠다면서 고개를 절레절레 저었다.

이 두 상황의 요점은 같다. 아는 것의 '힘'을 기르지 못한 것이고 지식을 '지성'으로 승화시키지 못한 탓이다. 즉, 정보를 흡수하고 자기 것으로 만들었으되 '생각', '사고'하지 않고 두뇌에 저장만 해 둔 것이다. 그로 인해 언제 어떻게 꺼내 활용해야 할지 알지 못하고 현실에서 응용하지 못한다.

하나를 알면 열 개까지는 아니어도 두 개, 세 개로 확장해 나가야 하는데 하나를 손아귀에 쥐고 "여기 하나 있다."라고 외치는 꼴이다.

씨앗에 물을 주어야 새싹이 돋고 자라듯 지식도 마찬가지다. 여러 질문을 받고 여기저기 적용해 보고, 다른 지식이나 정보와 연결하면서 활용의 범위를 확장해 나가야 한다. 그래야 이것이 자신만의 온전한 힘을 가진 '지성'이 된다. 다행인 점은 요즘 학문적 관점에서 과학과 인문학, 음악과 과학, 수학과 미술, 역사와 심리 등 통합되고 있다. 과학과 문학은 SF 장르로 확장되어 이미 오래전부터 독자의 사랑을 받고 있다. 그러므로 우리는 자신의 전문 분야에만 천착할 필요가 없다. 좀 더 다양한 시각을 가지고 사회라는 거대 시스템을 작동시키는 영역에 관심을 가지고 섭렵해 볼 필요가 있다. 그렇게 될 때 자신이 가지고 있던 지식이 활성화되어 기대 이상의 에너지가 출력된다. 그 파장이나 영향력이 얼마만큼인지는 해 보기 전에는 가늠할 수조차 없다. 이제까지 이루어진 창의력의 힘, 발상의 전환은 그렇게 시작되었다.

자기 안에서 성장한 지성은 자신에게 당당함을 준다. 자기 생각을 확신하게 되고 자기 결정에 믿음을 준다. 어떠한 결정도 즉흥적이거나 편파적이지 않을 수 있다. 지성이 단순 간에 길러지는 것이 아니기에 그렇다. 오랜 시간 생각의 힘을 길러온 결과로 열매 맺어진 지성은 섣부른 판단이나 결과를 도출해내지 않도록 돕는다. 그렇게 생각할 수 있는 뇌의 주인은 바로 당신이다.

자부심은 어디에서도 팔지 않고 누군가 공짜로 주지도 않는다

> 의심할 나위 없는 순수한 환희의 하나는 노동 후의 휴식이다.

자신이 흘린 땀만큼 값지고 숭고한 게 있을까. 어느 분야에 종사하건 그 땀은 자신의 노력이고 투자이고 도전이다. 자신의 열정이 품고 있기에 그 땀의 가치는 감히 환산하기 어렵다.

외형상 편안해 보이는 일도 직접 하게 되면 숱한 어려움에 직면하고 여러 난관을 이겨내야 한다는 것을 알게 된다. 그러기에 각기 나름대로 엄청난 고충을 감당하고 있다. 연구하고 개발하는 사람은 그 결과에 책임져야 하는 사명감, 서비스업에 종사하는 사람은 소비자의 요구를 충족시켜야 한다는 중압감, 사무직에 일하는 사람도 자기 맡은 업무에서 실수하지 않아야 하고 가르치는 사람은 이 대상에 맞춰 강의를 준비하고 이해시켜야 하는 등 여러 직종에서 나름의 애환에 따른 노력이 뒷받침되어야 한다. 이 또한 외적으로 어림잡는 어려움이지 현장에서 직면한 고충은 훨씬 심도가 깊다. 결단코 보이는 면만을 타진해서는 그 일의 수고를 알 수 없다.

어떤 일이건 하고 싶은 의욕이 발동한다면 그 자체만으로도 행복이다. 자신이 도전하고 땀 흘릴 만한 가치를 가진 일을 찾았다는 것이기 때문이다. 그저 남들이 하는 대로 따라 사는 삶이 아닌 자신이 추구하는 삶을 살 준비가 된 것이다. 그렇다면 여기에 자신의 열정을 쏟아부어야 한다. 그 일이 사회적으로 어떤 평가를 받는지, 얼마를 벌 수 있는지, 얼마나 쉽게 일할 수 있는지 평가하지 말자.

그보다 먼저 자신이 왜 이 일에 흥미를 느끼는지, 최대한 어떤 결과를 낼 수 있는지, 그 일이 어떤 사람들과 관련이 있는지 먼저 알아보는 게 좋다. 그리고 마음의 준비가 되었다면 그 일에서 기꺼이 땀을 흘려야 한다. 마음과 힘을 다해 그 일을 진행해야 한다. 비슷한 일을 하는 옆 사람은 놀면서 하는데 자신만 수고한다고, 더 고생한다고, 더 피땀 흘린다고 투정하거나 비교하여 괴로울 필요 없다. 당신은 당신의 몫을 열심히 해내면 된다. 이제껏 열심을 이기는 천재성을 본 적 없다. 성공한 이들은 모두 즐기듯 일했다. 천재는 노력하는 자를 이길 수 없고, 노력하는 자는 즐기는 자를 이길 수 없다고 하지 않던가.

당신이 그 일을 해내고, 이루고, 성취하고 맛보는 환희는 그 무엇에도 비교할 수 없을 만큼 환상적이다. 칸트의 명언이 아니더라도 당신의 열심과 노력 뒤에 얻게 되는 휴식은 달콤할 수밖에 없다. 누가 알아주든 몰라주든 그것에 연연하지 말자. 자신이 해낸 일, 이뤄낸 일에 집중하면 된다. 원하는 만큼 성과를 내지 못했더라도 스스로 격려하고 칭찬해 주어야 한다. 남들에게 보여주기 위한 과정이 아니라 스스로 발전하려 노력했다는 것을 알아야 한다.

그 결과가 예상보다 훨씬 미흡하더라도 자책하면 안 된다. 자책은 자신을 좌절하게 만든다. 결코, 그런 긍정적인 효과를 낼 수 없는 게 자책이다. 그저 삽으로 자신을 묻을 구덩이를 파는 격이다. 차라리 수고한 뒤 한숨 돌리면서 자신을 다독이고 인정해 주자. 자기 몸과 마음에 휴식을 주어야 한다. 매일매일 거듭하면 좋다. 글귀로 적어두어도 좋다. 자신이 잘하고 있음을 스스로 다독이는 것이다. 이렇게 할 때 뇌는 전달받은 기분 좋음으로 저절로 효율성을 높인다. 자신에 대한 자부심 가진 자는 삶의 만족도가 올라가는 법이다.

마음을 다하고 뜻을 다할 때 진심이 통한다

다른 사람을 대우할 때 양식에 의존해서는 안 된다.

《삼강행실도》는 1434년 세종의 명에 따라 직제학 설순이 군신·부자·부부의 삼강에 모범이 될 만한 충신·효자·열녀의 행실을 모아 편찬한 언행록이다. 풀어보면 임금과 신하, 부모와 자식 부부 간에 어떻게 행동해야 옳은지, 어떤 예의를 갖춰야 하는지 책으로 만들어 놓았다.

굳이 책이 아니더라도 우리나라에는 여러 형태의 '격식'이 있다. 제사 지낼 때, 혼례를 치를 때, 장례를 치를 때 같이 집안의 대소사와 어른에게 예의를 갖추는 법이나 남녀 간, 스승과 제자 간에 지켜야 할 예법이 따로 있었다. 이는 유교 사상의 영향으로 서양에서와 달리 아주 엄격하게 따라야 하는 '도리'였다. 그래서 동네에서 어른을 만나면 반드시 “안녕하세요?”라고 인사해야 하고 스승의 그림자도 밟으면 안 되었다. 이는 하나의 문화로 형성되어 ‘동방예의지국’이라는 일컬음을 받았다.

그러므로 “다른 사람을 대우할 때 양식에 의존해서는 안 된다.”라는 칸트의 말은 우리 문화에 적용하기 힘들다고 생각하게 된다. 그러나, ‘양식’의 범위를 넓히면 이 말의 의미가 다르게 와 닿는다.

먼저 칸트의 양식은 ‘표면적’이라는 말로 해석이 가능하다. 양식은 형식화되어있는 ‘그 무엇’이다. 의례적으로 지켜야 할 기준으로 겉으로 보이는 말과 행동이다. 간혹 업무적 인사말에 당황할 때가 있는데 그런 느낌이다. 상대가 “사랑합니다, 고객님.”이라고 해도 마음에 와닿지 않는 그 기분과 같지 않을까. 말하는 사람의 진심이 담기지 않았으니 우리 또한 마음으로 받아지지 않는다. 물론 대화를 부드럽고 공손하게 시작할 수 있는 장점이 있지만, 그래도 예의를 갖춘 서비스의 일환이고 상업적 대사이기에 의례적 인사로 구분된다. 양식에 의존한 대우는 뒷맛을 씁쓸하게 한다.

물론 냉담한 반응이나 존중하지 않는 언행보다는 훨씬 낫고 안 들은 것보다 인사말을 들었을 때 기분 좋다. 그러나 개인적인 관계에서는 진정성이 빠진 이러한 형식적 예우는 상대의 심기를 불편하게 할 수 있다. 거리감으로 느껴질 수 있기 때문이다. 차라리 담백하더라도 솔직한 마음의 표현을 할 때 상대는 더 의미 있게 받아들이고 마음을 움직이게 된다.

사람은 그 사람의 말과 행동으로 마음도 읽을 수 있다. 완벽하게 처세해면 처음에는 본심을 잘 모를 수 있지만, 시간이 흐를수록 형식적 태도인지 본심에서 우러난 진정성 있는 마음인지 드러난다. 방어막을 치고 선을 그어 사람을 대하는 사람이 있고, 처음에는 간이라도 빼줄 듯하지만 갈수록 자기 이익만 챙기는 사람도 있다. 거짓으로 사람을 대하는 사람이 있는가 하면 달면 삼키고 쓰면 뱉는 사람도 있다. 또한, 얕은꾀로 상황을 모면하는 사람, 자기 일이 아닌데 나서서 해결해 주고 인정을 받으려는 사람도 있다.

물론 사람들이 늘 한결같은 모습을 유지할 수는 없다. 상대에 따라 다르게 행동할 수도 있다. 우리 자신도 이런 부류의 사람이 아니라고 하지만 어느 누군가에게는 이런 태도를 고수하기도 한다. 감정의 문제일 수도 있고 관계의 문제일 수도 있다. 하지만 중요한 문제는 자신의 진심이 무엇이냐에 있다. 자신을 속일 수는 없다.

풀리지 않는 관계에서 왜 그런 관계가 되었는지, 그렇게 대하는 것이 합당한지 살펴보아야 한다. 업무적인 관계나 이해타산적인 관계가 아닌데도 불구하고 자신의 유익을 위해 상대에게 피해를 주거나 존중하지 않는 태도를 보인다면 당장 그 마음을 바꿔야 한다. 그 상태로 더 진전되면 신뢰를 잃고 유대가 끊어진다.

지식을 켜켜이 쌓아야 삶이 조각된다

과학은 조직화된 지식이다. 지혜는 조직된 삶이다.

아이작 뉴턴은 만유인력의 법칙을 발견해냈다. 지구와 다른 천체 간의 물리적 상호작용으로 모든 물체가 서로를 끌어당긴다는 내용이다. 그는 물리학, 수학, 천문학에 능했다. 물체의 움직임을 설명한 관성의 법칙, 힘과 가속도의 관계, 힘에 대한 반작용 원리는 우리 일상에서 가장 쉽게 발견되고 깨닫게 된다. 실제로 차를 타고 가다가 급정거하며 몸이 앞으로 쏠릴 때마다 관성의 법칙이 생각난다. 학교에서 처음 배웠던 과학이론이 눈 앞에 펼쳐지는 신기함을 체험한 뒤로 이 과학이론을 잊을 수 없게 되었다. 힘과 가속도의 관계는 너무나 재미있는 경험에서 발견되었다. 주먹을 쥐고 달려드는 동생에게서 도망치다 넘어졌는데 천천히 달리다 넘어진 것과 비교도 안 되게 나뒹굴었다. 다친 내 모습을 보고 동생이 "누가 그렇게 빨리 달리래?"라고 놀렸다. 재미있는 일화이지만 과학원리가 우리 생활 곳곳에 숨어있음을 알 수 있다.

뉴턴의 유명한 말이 이를 증명한다.

"나는 아름다운 조개와 매끄러운 조약돌을 찾으며 해변을 즐겁게 거니는 소년과 같았다. 내 눈앞에는 미지의 진리가 가득한 바다가 펼쳐져 있었다."

뉴턴은 우리 세계가 바닷가 백사장에 숨은 조약돌이나 조개처럼 수많은 과학으로 이루어져 있다고 했다. 자신은 그중 하나만 발견한 것이란다. 그러므로 과학자들이 이제까지 발견한 원리는 애초부터 작용했지만, 모르고 살았던 지식의 세계를 열어준 것이라고 볼 수 있다. 물론 이것을 누구나 할 수 있는 일은 아니다. 그러나 관심이 과학의 세계를 열어줄 것이라는 사실은 확실하다.

그렇다면 우리의 삶은 어떨까. 곳곳에 과학이론이 숨어있지만 이를 아는 것은 지식이다. 정보이고 앎이다. 아는 것만으로는 바닷가에서 조개만 줍는 것이 된다. 이것으로 무엇을 할 것인가, 어떻게 내 삶에 도움을 받을 것인가, 어떤 방식으로 응용할 것인가 하는 문제를 생각하고 질문해야 한다. 이것이 지혜이다.

지혜가 발휘될 때 지식도 진정한 가치를 얻는다. 조개가 연구용 분석용으로 쓰이느냐, 요리로 만들어 양분을 제공받을 것인가의 문제이다. 연구하면 생태 조건이나 성분 등 여러 학문적 업적을 이룰 수 있으나 우리가 얻을 수 있는 실질적인 도움은 없다. 그저 백과사전에 한 줄 올라가는 정보가 된다. 이것을 아는 사람과 모르는 사람의 큰 차이는 없다.

물론 지식을 많이 축적한 사람이 더 다양한 삶을 살 수 있는 건 사실이다. 단, 그 지식에 생각이 더해질 때 가능하다. 이는 어떤 지식이든 마찬가지다. 자신이 아는 지식을 생활로 가지고 와 자신의 철학이나 관점, 가치관을 더해야 지혜로 승화된다. 더불어 다른 지식과 연결하고 응용하여 자신의 견해를 확장해 나가야 한다. 그래야만 삶을 현명하게 영위할 수 있다.

칸트가 말하는 지혜는 조직된 삶이다. 이 말에 지극히 공감한다. 우리 삶은 자신이 인지하든 못 하든, 자기 생각과 사고의 힘으로 살아가고 있다. 특히 우리나라의 경우 높은 교육열로 지식의 수준은 엇비슷하다. 개인의 차는 이 지식에 얼마나 어떻게 생각의 힘을 쏟느냐에 달려 있다. 이는 철학의 근본 질문인 "어떻게 살 것인가?"와 연결된다. 스스로 이 질문을 던져보자. 자신이 가지고 있던 조직화한 지식이 파장을 일으켜 지혜를 발휘해 줄 것이다. 바로 그때 다른 세계가 보이고 다른 길이 열린다.

조화로운 세상을 위해 신성함에 손을 내밀라

> 인간은 신성하지 않으나 개인의 인격 속의 인간성은 신성하다.

누군가 '나는 신성한 사람'이라고 한다면 인정할 수 있는가. "함부로 가까이할 수 없을 만큼 고결하고 거룩하다."라는 의미로 자신을 대우해 달라는 말이니 우리는 헛웃음을 칠 것이다.

그런데 가끔 잘못된 종교관이나 이념에 사로잡힌 사람들이 그 집단의 최고 우두머리를 신성하게 모시는 장면이 언론에 보도된다. 그들은 그 우두머리의 이름조차 함부로 입에 올리지 못한다. 자신처럼 열등한 사람이 그 존재를 언급하는 것 자체가 불손하다는 것이다. 21세기 현대 사회에서 일어나는 일이라고 믿기 어렵지만 분명 그들은 그렇게 행동하고 있다.

독재국가의 정치적 이념으로 신성시하는 것이라면 특수한 문화로 이해한다지만 인권과 평등이 강조되는 사회에서 한 개인을 신성시하는 일은 이해되기 어렵다. 더구나 교육 수준이 높은 사람들과 전문직들이 포함되었다는 사실에는 '그들이 왜?'라는 의구심을 갖게 된다. 정말 그들은 그 존재를 신성하다고 믿는 것인가.

100년 전 칸트는 인간은 신성하지 않다고 단정했다. 성별의 구분 없이, 지위 고하를 막론하고, 나이에 상관없이 '인간'은 누구도 신성하지 않다는 것이다. 그 이유를 짐작해 보면 칸트는 기독교적 사고가 뿌리 깊은 지역에서 태어나 신앙심 깊은 부모에게 양육되었다. 자연스럽게 기독교적 세계관은 그의 삶의 지침이 되었다. 신은 하나님 한 분뿐이라는 유일신의 관점과 인간은 모두가 동등한 위치에 있다고 본 것이다. 그러므로 인간은 신성할 수 없다.

신성하려면 하나님과 같거나 비슷한 경지에 올라야 가능한 일이다. 그런데 인간은 탐욕과 정욕을 버릴 수 없고 성경에서 금하는 죄를 짓게 마련이므로 절대로 신성할 수 없다고 본 것이다. 실질적으로 법에 저촉하는 행위를 한 것은 아니나 미움과 시기, 질투, 욕심 등 고결함에 위배되는 생각을 많이 했기에 개인적으로 인간이 신성하지 않다는 칸트의 의견에 동의한다. 아마도 사고와 판단을 가진 사람이라면 누구나 자신도 그렇다고 공감할 것이다. 누군가에게 상처를 준 적도 있고 험담으로 상대를 비방하거나 헐뜯

었을 것이다. 기억에 없다면 스스로 거짓말 한 번쯤 하지 않았는가 말이다.

이를 잘 아는 칸트는 그래서 인간은 신성하지 않다고 했다. 그러나 한 사람의 인격에 깃든 '인간성'은 신성하다고 보았다. 칸트가 말하는 인격은 물건物件(동물도 포함된다)과 구별되는 자아의식이다. 이런 의식의 인간 본성은 신성할 수 있다는 의미이다. 우리 마음에 있는 '양심'을 생각해 보자. 상대에게 거짓말을 했을 때 심장의 두근거림, 험담했던 상대가 나에게 친절을 베풀어줄 때의 미안함, 커닝한 뒤 잘 나온 시험점수를 받아든 민망함 등 우리의 양심은 자신의 잘못을 고해하게 만든다. 입 밖으로 내어 처벌받거나 용서받지 않아도 자신의 본성에 의해 가책받는다. 칸트는 이러한 우리의 인간성이 고결하고 거룩한 마음이라는 것이다. 그리고 이를 추구하고 지향한다고 보았다.

경쟁의 시대, 이타주의보다 이기주의가 팽배한 시대, 물질이 인권보다 앞서는 시대, 사회적 차별이 만연한 시대에 우리가 무엇을 되살려내야 하는지 묻지 않을 수 없다. 각자 마음에 품고 있는 신성함을 밖으로 표출해 내야 한다. 시간이나 경쟁에서 조금 손해 보더라도 '나'로 인해 세상이 따뜻해진다면 기꺼이 그 신성한 손을 내밀어야 한다. 칸트의 말대로 인간만이 할 수 있는 일이므로!

도덕적 의무를 행함으로써만 인간은 행복을 찾을 수 있다.

우리는 스스로 개선함으로써 더 나은 세상을 만들 수 있다.